AF783763

Salve und שלום

Von Tel Aviv nach Rom

Für Yana ♡

Viel Freude beim Lesen.

Bleib behütet!

Valentine Weigel

© 2024 – all rights reserved
Ideen haben Rechte! Das Werk ist einschließlich aller seiner Teile urheberrechtlich geschützt.
Jede urheberrechtswidrige Verwertung ist unzulässig.
Alle Rechte sind vorbehalten, insbesondere die Rechte der gesamten Reproduktion/des Nachdrucks sowie der Verbreitung und Übersetzung.
Kein Teil des Werkes darf in irgendeiner Form (weder durch Fotokopie, digitale Verfahren sowie PC-Dokumentation) ohne schriftliche Genehmigung des Autors bzw. des Verlages reproduziert oder in Datenverarbeitungsanlagen sowie im Internet gespeichert werden.

Text: Valentine Weigel
Covergestaltung: Julia Trensch
Umschlagabbildung: Julia Trensch
Satz und Layout: Verlagshaus Schlosser
ISBN 978-3-7581-0029-1
Druck: Verlagsgruppe Verlagshaus Schlosser
D-85652 Pliening • www.schlosser-verlagshaus.de

Printed in Germany

Kapitel

»Es ist schon eine großartige, quirlige und weltoffene Stadt. Das frontal aufeinander zugehen auf dem Fußweg ist mir immer noch in Erinnerung. Aber ich habe mich trotzdem immer sicher gefühlt.«

– meine Oma Waltraud
(besuchte mich in Tel Aviv 2019)

»Rom ist für mich ein Faszinosum, allerorts bedeutungsschwere Historie und lebendige Leichtigkeit, die mich gleichermaßen in ihren Bann ziehen.«

– Dr. Susanne Kochs
(meine Latein- und Griechisch Dozentin, von der ich vieles lernen durfte. Wir organisierten eine gemeinsame römische Exkursion im Jahr 2023)

»Geh nach Tel Aviv, dort hast du genügend Eier für deine Proteine und viele Sportmöglichkeiten für deine Fitness.«

– Titus (Ruhe in Frieden)
(Titus suchte meine Stelle in Tel Aviv über die Diakonie Mitteldeutschland aus und bereitete mich als Mentor auf diese Reise vor. Ich bin in Gedanken oft bei ihm.)

»Rom ist für mich eine historische Stadt mit vielen Sehenswürdigkeiten. Das macht sie auch zu einer sehr touristischen und vollen Stadt, in der man aber auch Menschen aus der ganzen Welt trifft und kennenlernt.«

– meine Schwester Frieda
(Frieda besuchte mich 2023 in Rom und wir erlebten eine aufregende Woche)

Mille Grazie oder תודה רבה

Ich möchte mich bei allen Menschen bedanken, die an mich geglaubt haben und mich in meinem Leben begleitet und behütet haben.

Danke an meine Eltern, die mich liebevoll erzogen und geprägt haben. Ohne die bereichernden Gespräche, Diskussionen und Unterstützungen rund um meine Jahre im Ausland würde ich jetzt nicht an dieser Stelle stehen.

Danke an meine Oma Waltraud, die mein Buch gelesen und bearbeitet hat und mir immer viel Liebe und Aufmerksamkeit geschenkt hat.

Danke an Julia (Gründerin von *Julius Maximus*) für das grandiose Layout.

Danke an meine liebe Freundin Celine, die den Prozess bis zu der Veröffentlichung mit einem offenen Ohr begleitet hat.

Danke an das Verlagshaus Schlosser für all die Unterstützung.

Ach ja, und danke an meine Deutschlehrer*, die meinen Schreibstil nie besser als befriedigend fanden und mich deshalb stets motiviert haben weiterzumachen, unabhängig von Schulnoten – für meine Progression.

Danke an das Leben, das mir die Freiheit schenkt, ein Buch zu schreiben und zu veröffentlichen.

Mein Herz ist mit unendlicher Dankbarkeit glücklich gefüllt.

Intro

Salve und שלום.

Ich arbeite bewusst mit Du, Wir, Uns, weil ich so meine Erlebnisse nahbarer machen kann. Gerne können wir uns auf der Straße Siezen, wenn das für Sie angenehmer ist.

In meinem Buch möchte ich mit allen auf die Reise gehen, weswegen ich mit dem Gender* arbeite.

Salve und שלום

Hinter diesem Titel verbergen sich mehr als nur Grußformeln.

Salve und שלום (shalom) beschreiben zwei Arten zu leben, die sich mehr ähneln als wir meinen.

Die Parole »Salve!« kommt aus dem lateinischen und bedeutet wortwörtlich übersetzt »Sei gesund!«. Die Grußformel »Salve!« stammt vom Verb »salvere«, was »gesund sein und gesund bleiben« bedeutet. Als Gruß verwenden die Italiener* dieses Wort meist ab 15.00 bis 16.00 Uhr, wenn es zu spät für »Buon giorno!« ist und noch etwas zu früh für »Buona sera!«. Der Gruß »Ciao!« funktioniert sehr gut zu jeder Tageszeit, aber leider nicht bei jeder Autorität. Nachdem ich einmal meinen Professor in meiner ersten Woche in Rom aus innerem Habitus heraus mit »Ciao!« begrüßt hatte, merkte ich sofort, dass es deplatziert gewesen war, so zu grüßen. In mehreren, für mich unangenehmen Momenten klärte er mich auf, wann und wie ich »Ciao!« benutzen dürfe, und dass ich gegen 16:00 Uhr zu ihm auch schon »Buona sera!« sagen könne. Oh nein, da kommt in mir die Deutsche durch: Ich kann doch nicht schon um 16:00 Uhr von »Guten Abend!« reden, nur weil ich »Buon giorno!« nicht mehr benutzen darf.

Summa summarum: Beim Grüßen ist man mit »Salve!« immer auf der richtigen Seite und wirkt gebildeter und eleganter.

Das Wort שלום (shalom) kommt aus dem hebräischen und bedeutet »Frieden«. In meinem Auslandsjahr in Tel Aviv habe ich es sehr geliebt, die Menschen mit שלום zu begrüßen, es fühlte sich jedes Mal wie ein aufmunternder Friedensgruß an, der von Liebe und Zuversicht geprägt war.

Mit meinem Buch Salve und שלום möchte ich von meinen beiden Auslandsjahren in Rom und Tel Aviv berichten. Hinter den Parolen stecken Lebensweisen, die uns inspirieren und ins Nachdenken bringen können. Ich möchte auf diesem Weg zu neuer Kreativität mit einem erhobenen Blick in die Fremde ermuntern, die wir nur verstehen können, wenn wir den Mut finden, Schritte ins Ausland zu wagen. Mit offenen Augen und offenem Herzen. Wir werden uns gemeinsam auf die Reise in zwei Länder machen, zwei Lebensweisen kennenlernen und uns auf den Weg zu vielen verrückten und prägenden Erlebnissen machen. Mich allein ins Ausland zu wagen, bedeutete für mich nicht nur Friede, Freude, Hummus, Pizza und Pasta, nein, in der Fremde begegnete ich mir selbst, anderen Glaubensrichtungen und Kulturen.

Ich lernte mich wirklich kennen. Ich begann, mehr auf meine innere Stimme zu hören, wurde oft auf die Probe gestellt und merkte, wie viel in Deutschland für mich selbstverständlich privilegiert ist. Auf diese verschlungenen Pfade möchte ich euch mitnehmen. Ich möchte euch ermuntern, eigene Wege zu suchen, und in euch den Mut wecken, die eigene vertraute Umgebung zu verlassen, um sie schätzen zu lernen. Da summt in mir doch gleich die Melodie von Klaus-Peter Hertzsch »Vertraut den neuen Wegen, und wandert in die Zeit«. Der Theologe wusste, dass auch die Bibel voller Geschichten über neue Wege und Erzählungen über das Verlassen von Heimat ist.

Es begann mit dem Stammvater Abraham im Alten Testament. Er wurde von Gott berufen, nach Kanaan, in das verheißene und gelobte Land zu wandern, in dem er so viele Nachkommen haben würde wie Sterne am Himmel. Oder um bildlich, sinnlich zu sprechen, sich in das Land aufzumachen, in dem Milch und Honig fließen. Neben Abraham gibt es noch so viele weitere biblische Erzählungen, die uns den Weg in die Fremde eröffnen und uns auch von den Risiken und Gefahren berichten, die damit verbunden sind. Jesus von Nazareth war ein Wanderprediger und hatte nicht einmal ein Haus und keinerlei materielle Sicherheit. Aber er hat uns gezeigt, dass Besitz oder vermeintliche Sicherheiten nicht unser Leben definieren, sondern die Neugier und die Zuneigung zu unseren Mitmenschen unser Leben ausmachen. Und auch der Sohn Gottes lernte mit jeder Begegnung dazu. Jesus ging immer wieder weiter, weil er sich nicht von Pessimismus oder gefährlichen Situationen entmutigen ließ.

Die Bibel ist alt, aber mit ihren Geschichten doch so gegenwärtig wie das Jahr 2024.

Und weil ich weiß, dass keine* gerne lange Einleitungen liest, begeben wir uns jetzt auf meine erlebte Reise. Andiamo!

Meine Wenigkeit

Mein Name ist Valentine Weigel. Zum Zeitpunkt des Schreibens bin ich 23 Jahre jung und an Weihnachten geboren. »Ja, du bist ein echtes Christkind!«, sagen immer alle zu mir. Geburtstag und Weihnachten gleichzeitig zu feiern, war für mich nicht immer so einfach. Ich werde nie die Situation vergessen, als ich als kleines Kind an meinem Geburtstag, dem ersten Weihnachtsfeiertag, einmal mit einem leeren Beutel und der Erwartungshaltung in die Kirche stolziert bin, mir sollten alle etwas Kleines schenken, wenn auch nur Aufmerksamkeit.

Am Ende des Gottesdienstes hatte keine* an meinen Geburtstag gedacht, so dass ich mich in meinem kindlichen Ego ziemlich gekränkt fühlte und meine Tasche schnell versteckte, bevor irgendjemand diese Peinlichkeit bemerken konnte. Meine Eltern sind beide Pfarrer* und meine Kindheit war wunderschön, wohl behütet und auch zugleich eine Einübung als Ehrenamtliche in der Kirche. Mit meinen Geschwistern Lorenz, Frieda und Mathilde - Frieda und ich streiten uns heute noch um den Titel des Sandwichkindes -, wuchs ich zunächst in der kleinen Stadt Barby, in der Nähe von Magdeburg auf. Es ist der Ort, an dem die Saale in die Elbe fließt, und er hat nichts mit der Barbiepuppe zu tun. Schon als Kind machte ich viel Sport und fuhr mit meinem großen Bruder, Lorenz, Kanu. Wir nahmen auch an Wettkämpfen und Trainingslagern im Ausland teil. Im Nachhinein glaube ich, dass uns die Trainingseinheiten sehr gestärkt und selbstständig gemacht haben.

Mein Vater sagt immer: »Selbst wenn ihr euren Abschluss nicht schafft oder ihr den Beruf nicht ausüben wollt, ich mache mir keine Sorgen, arbeiten könnt ihr alle!« Ja, das können wir.

Meine Geschwister und ich gehörten nicht zu den Kindern, die viel Fernsehen geschaut oder Computerspiele gezockt haben. Nein, wir wurden immer in Aufgaben mit eingebunden und haben schon relativ früh gelernt, was es heißt, Verantwortung zu übernehmen und unsere Eltern zu unterstützen. Vier Kinder sind schließlich auch vier (Arbeits-) Kräfte, auch wenn wir vier alle sehr verschieden sind, so sind wir aber im Herzen doch durch unsere gemeinsame Kindheit verbunden und immer füreinander da, auch wenn prozentual immer eine* aus der Reihe tanzt und Leben und Lebenssinn neu hinterfragt.

Nach einer wohlbehüteten Kindheit sind wir, als ich 11 Jahre alt war, in das Dorf Neuhaus-Schierschnitz gezogen. Ich weiß, der Name ist nicht ganz einfach auszusprechen, und er passt meistens wegen seiner Länge nicht gut auf formelle Unterlagen. Also noch mal langsam: NEUHAUS-SCHIERSCHNITZ.

Das Dorf liegt in der Nähe der Stadt Sonneberg in Südthüringen. Die sechs Jahre, die wir dort lebten, denn bis zum verfluchten siebten Jahr schafften wir es nicht, waren für uns ein großes Erlebnis und auch mit einem kleinen Kulturschock verbunden, denn da gab es Bratwurst Freitagfrüh 7 Uhr, Thüringer Dialekt, Traktor und Moped fahren, viel Kuchen und Musikvereine, Fußballspiele und ein liebliches Dorfleben mit wenig Privatsphäre. Versteh mich nicht falsch, wir lernten damals viel dazu und das Leben dort machte uns viel Spaß. Ich spielte bis zum Kreuzbandriss Fußball, war in der Band *Sax and Keyb* aktiv, spielte

Saxofon und brachte meine körperliche Fitness durch unseren riesigen Garten mit unserem Rasenmäher auf ein neues Level. Danach entwickelte ich meine Leidenschaft für Bodybuilding und ich fing an, meinen Körper im Fitnessstudio zu stählen. Schließlich war ich mit 17 Jahren in der Fahrschule die Einzige, die wirklich noch nicht in den ersten Fahrstunden Auto oder Moped fahren konnte.

Alles in allem hatten wir ein buntes und liebevolles Gemeindeleben und waren gut und herzlich aufgehoben, aber nach sechs Jahren irgendwie immer noch Ausländer, weil wir uns nicht mit den Traditionen identifizieren konnten. Wir waren auch etwas zu gut genährt von all dem Kuchen. Deswegen beschlossen wir, weiter in das Herz von Thüringen hineinzuziehen, nach Saalfeld, wo meine Eltern heute noch leben. Mein Abitur machte ich mit meinem Bruder noch in Sonneberg fertig, bevor es für mich in mein Auslandsjahr nach Tel Aviv ging.

Mein Weg nach Tel Aviv

Meine schwierigste Phase hatte ich mit 17 und 18 Jahren. Ich hatte die vorgegebenen Schultage satt. Wenn das Wochenende vorbei war, war ich montags traurig und freute mich bereits am Dienstag schon auf das nächste. Tag für Tag ein Kampf. Ich wollte mein Abitur machen und hatte auch Freunde* in der Schule, aber die gleichen Abläufe machten einfach immer trauriger. Hinzu kamen die primitiven Gespräche über oberflächliche Lästereien, an denen ich mich anfangs auch beteiligte, dann aber doch sehr schnell langweilig fand. Ich war unglücklich in einen tätowierten Kraftsportler verliebt, fühlte mich innerlich einsam und sehnte mich nach Tiefe und einem Lebenssinn. Ich wollte unbedingt unabhängig sein und mehr von der Welt sehen, auch wenn ich noch nicht genau wusste, was das für Risiken und Anstrengungen mit sich bringen würde.

Von 90 Abiturienten* war ich die Einzige, die für ein Jahr ins Ausland wollte und ging.

Deswegen war ich mit meinen Gedanken, Visionen und Träumen allein auf mich gestellt, das machte mich innerlich zugleich stolz, aber auch etwas einsam, weil keine* mit mir den Wunsch teilte, die Welt entdecken zu wollen.

Meine Mutter war mir wie so oft einen Schritt voraus und hatte schon gute Ideen und Kontakte für mein Auslandsjahr geknüpft. Ihre Idee von Tansania lehnte ich allerdings sofort ab, weil ich einen Ort brauchte, an dem ich trainieren und mich problemlos gesund und proteinreich ernähren konnte. Also erkundigten wir uns nach einem geeigneten Ziel bei meinem damaligen Koordinator Titus, der für die Diakonie in Mitteldeutschland zuständig war.

Ohne mich wegen meiner Argumente von Training und Ernährung schief anzuschauen, sagte er sofort und entschlossen: »Geh nach Israel, nach Tel Aviv!« Ich vertraute ihm blind.

Ich glaube, ich googelte nicht einmal die Stadt. »Geh dahin!«, sagte eine Stimme auch entschlossen in mir. Titus schilderte mir, dass es dort viele sportliche Menschen, Sonne, Eier für die Proteine und eine körperlich anstrengende Arbeit im Krankenhaus gäbe. Genau mein Ding! Was wollte ich also mehr, als dieses geheimnisvolle und junge Tel Aviv (Gründung 1909!) zu entdecken, dass mir während meiner Abiturphase schon שלום zurief?

In mir kribbelte alles vor Adrenalin und Vorfreude, auf der Suche nach mir selbst und neuen Erlebnissen und Abenteuern. Weg von allen gewohnten und vertrauten Wegen, raus in die Freiheit.

EU und seine Vorteile - der Untergang im Papierkrieg

Bevor ich für ein Jahr nach Tel Aviv flog, musste ich natürlich etliches an Vorbereitungen erledigen, was mir vorher nicht bewusst war. Bereits ein Jahr zuvor begann ich damit, alle Unterlagen für mein Auslandsjahr in Israel zu sammeln und einzureichen. Ich kümmerte mich um den Impfpass, die ärztlichen Gesundheitschecks und den Hygienepass für die Arbeit im Krankenhaus. Ich benötigte ein Führungszeugnis mit Apostille und musste sogar einen negativen AIDS-Test vorlegen. Wer hätte an so etwas gedacht? Ich besuchte Seminare für meine Vorbereitung auf das Auslandsjahr und verstand immer mehr, wie viel Verantwortung ich bald für mich selbst würde übernehmen müssen und auch übernehmen wollte.

Das Verlangen nach Selbstständigkeit schlummerte in mir und wollte aus meiner Seele heraus. Ich wollte Erfahrungen sammeln. Vieles, was für mich selbstverständlich war, wie die Währung Euro oder mein Reisepass war für Israel nicht gültig. Ich brauchte ein einjähriges Visum und musste mich mit Schekeln, der israelischen Währung, auseinandersetzen. Ich musste vorweisen, dass ich nicht vorbestraft und auch sonst psychologisch fit war.

Aber all das trieb mein Adrenalin noch weiter in die Höhe. Ich arbeitete mich durch die Unterlagen und Vorgaben und hatte nur mein Ziel, die Stadt Tel Aviv, vor Augen.

Und dann kamen plötzlich der Tag und der Weg zum Flughafen nach Frankfurt am Main.

Dort angekommen, bekam ich Angst und Magenprobleme und war plötzlich nicht mehr so selbstbewusst. Am Flughafen wurde ich auch schnell von meiner Mutter getrennt und zweimal von der Sicherheitskontrolle gecheckt. Meine Gefühle und meine Seele kamen nicht hinterher. Am Terminal musste ich Fragen beantworten, die wir vorher mit Spaß auf den Seminaren eingeübt hatten, solche wie »Wer hat meinen Koffer gepackt? Wann habe ich ihn gepackt? Habe ich mein Gepäck am Flughafen mal kurz außer Sichtweise gelassen?«. Mein Leben steckte für ein Jahr in nur einem Koffer, mehrmals wurde ich mit misstrauischen Blicken durchgecheckt. Mein Körper füllte sich mit Adrenalin, Freude und gleichzeitig auch mit Angst. Plötzlich war mein Vorhaben nicht mehr nur lustig, sondern wurde ernst und verlangte mir Konzentration ab. Ich wollte nicht auf Englisch stottern, tat es aber doch, und wurde noch einmal gründlicher untersucht. Jetzt wurde mir erst so richtig bewusst, auf mich allein gestellt zu sein ohne meine Familie oder Freunde*.

Nur Tel Aviv und ich.

Unterkunft in Tel Aviv

Ach, mein liebes Tel Aviv, du großartige und lebendige Stadt am Meer, du bist voller Vielfalt und Pracht, aber die Wohnungen und Mietpreise, die du bietest, sind unmenschlich.

Alle Tel Aviver*, die ich kennenlernte, wohnten entweder außerhalb der Stadt oder am Stadtrand. Nur wenige schafften es in die Innenstadt, denn die Unterkünfte und Wohnungen sind dort sehr, sehr teuer verglichen mit dem, was einem an Ausstattung geboten wird.

Ein kleines Loch bekommt man für 800 Euro, ohne Klimaanlage versteht sich, dafür kriegt man aber eine Wohngemeinschaft mit Kakerlaken.

In dem Jahr meines Aufenthaltes wohnte ich als Freiwillige allerdings in dem Krankenhaus, in dem ich auch arbeitete. Mit mir zusammen waren ungefähr 25 Freiwillige aus verschiedenen Kulturen und Nationen für das Krankenhaus tätig. Jeweils zu zweit teilten wir uns ein kleines, 12 m^2 großes Zimmer. Zu Beginn wohnte ich sogar zu dritt mit einer Polin und einer Berlinerin zusammen in einem Zimmer. Nach ein paar Wochen, vor allem aber nach dem ersten verregneten Winter, hatte ich ein unglaubliches Bedürfnis nach einer eigenen Tür und nach Ruhe. Denn egal, wie sehr du den oder die andere magst oder liebst, jede* braucht seinen/ihren eigenen Rückzugsort zum Durchatmen und um einfach ganz allein für sich zu sein.

Ob ich wollte oder nicht, nach ein paar Monaten entwickelte ich einen regelrechten Hass auf die Person, mit der ich mir ein Zimmer teilen musste, weil ich sie ganz einfach nicht mehr sehen konnte. Und weil ich das Bedürfnis hatte, endlich mal wieder allein, nur für mich zu sein, verbrachte ich meine Freizeit eigentlich immer am Meer oder versuchte unterwegs zu sein.

Für mich war es ein Jahr ohne Rast und ohne eigenen Rückzugsort, ohne einen Raum, nur für mich. Ich bin mir auch nicht sicher, ob man unsere Zimmer als Zimmer bezeichnen konnte.

Ich würde eher sagen, es handelte sich bei ihnen mehr um überdachte Räume, in denen wir uns eine kaputte Klimaanlage teilten, die meditativ und genüsslich in der Nacht vor sich hin tropfte. Vermutlich stammen daher meine nächtlichen Blasenprobleme.

Teilen mussten wir uns dort auch eine kleine elektrische Herdplatte und einen Kühlschrank, der aber auch oft tropfte oder nicht funktionierte. Ach, und bevor ich es vergesse, eine verschimmelte Dusche, die ebenfalls nicht funktionierte, brauchte ich bei 40 Grad und Sonne auch nicht. Seitdem verfolge ich die These, dass sich der Mensch auf alles einlassen und sich den Umständen anpassen kann, aber es nicht muss. Ich selbst habe mich in diesem Jahr auf sehr vieles eingelassen, was mich im Nachhinein zugleich erschreckt, aber auch stolz macht.

Mehrere Male fiel ich sehr tief, aber Tel Aviv hat mir genauso oft ein Lächeln ins Gesicht gezaubert, wenn ich auch in diesem Jahr so viel weinen musste wie noch nie zuvor. Und ich war vorher wirklich keine Heulsuse. Aber in diesem Jahr war ich absolut zart besaitet und meine Seele in der Ausbildung für Überlebenskünste und Lebensfreude.

Einmal saß ich furchtbar verzweifelt auf dem Fußweg mit sechs Tüten voller Lebensmittel und fühlte mich einsam, leer und voller Trauer.

Wie es dazu kam? Unsere Chefin hatte uns zuvor angekündigt, dass drei Tage lang der Strom ausfallen würde, dass wir aber unsere Lebensmittel mit in die Krankenhausküche bringen könnten. Für mich war das sehr wichtig, weil ich wegen meiner Wettkampfvorbereitung alles vorkochte und Lebensmittel auch sehr teuer waren. Aber an dem besagten Tag hatte die Krankenhausküche tatsächlich geschlossen und unsere Chefin war nicht erreichbar, weil sie unangekündigt in den Urlaub gefahren war.

Was sollte ich jetzt tun? Alle Lebensmittel schlecht werden lassen? Nein, das brachte ich nicht übers Herz. Also packte ich alles zusammen und lief 45 Minuten lang mit den Tüten in der Hand in das Abrahamhostel, um zu fragen, ob ich dort meine Lebensmittel würde unterbringen dürfen. Die Leute dort waren sehr locker und freundlich und verstanden meine Situation.

Aber ich war in dieser Situation eigentlich überfordert und deswegen sprudelten die Tränen wie so oft nur so aus mir heraus.

In meinem Tel Aviver Jahr stellte ich fest, dass die Tränen sehr schnell fließen, wenn die Seele unausgeglichen ist und man in einem Loch der tiefen Einsamkeit und voller schwieriger Momente gefangen ist. Da hilft nur mit Vertrauenspersonen reden, reden, reden (Danke Mama und Hanni!!) und den Mut haben, sich nicht weiter in das Loch, indem man gerade sitzt, hineinzugraben. Die Konfrontation mit der inneren Einsamkeit ist hart und schmerzt sehr, aber sie stärkt zugleich auch den Geist und das eigene Bewusstsein.

Vor meinem Auslandsaufenthalt war ich immer sehr akribisch und zwanghaft, plante vieles durch und wollte wenig dem Zufall überlassen, aber in diesem Jahr lernte ich das erste Mal, Dinge loszulassen oder einfach nicht mehr planen zu können. Ich musste mich auf die Umstände einlassen und immer wieder das Beste daraus zaubern. Sonst wäre ich jeden Tag unglücklich gewesen. Schritt für Schritt lernte ich, locker zu bleiben, wenn etwas schief ging, wie zum Beispiel, dass der Strom für einen Tag ausfiel, ein Bus, in dem ich saß, ein Rad verlor oder mich nachts eine Kakerlake ansprang (bis heute der größte Schreck meines Lebens).

Um es bildlicher zu beschreiben, erzähle ich etwas ausführlicher von ein paar Ereignissen, die mich aus dem verwöhnten deutschen Nest herausgeschubst haben. Wie bei den Vögeln konnte ich offensichtlich das Fliegen nur erlernen, wenn ich fiel.

Meine Nächte in der nie schlafenden Stadt waren immer unruhig und unterbrochen von vielen unangenehmen Geräuschen. Nachts tropfte die Klimaanlage, die Krankenwagen fuhren täglich mit Sirenen an einem vorbei, die Flugzeuge landeten gefühlt in unserem Zimmer und an unserem Fenster war gleich ein Balkon für die Schwestern, die sehr laut komische Videos schauten. Übrigens eine erste Sache, die Israelis und Italiener* gemeinsam haben, wo sind eure Kopfhörer? Wir müssen unsere Mitmenschen nicht ständig mit unserer Musik oder unseren Videos belästigen. Aber Kopfhörer interessieren hier keinen, wahrscheinlich ist eine freundliche Anteilnahme an sinnlosen Videos angesagt, bilde ich mir mal ein. Neben den großartigen Videos brannte sich ein weiteres Geräusch in meinem Gehirn ein, schreiende, sich paarende Katzen! Hast du noch nie gehört? Sei froh! Es klingt laut und schrecklich, ein bisschen so wie schreiende Kinder, nur viel anstrengender.

Tel Aviv hat nämlich eine sehr große Katzenplage, die in der Paarungszeit für alle sehr unerträglich wird.

Seitdem ich in Israel war (und auch in Italien, aber dazu später) liebe ich Küchen und Bäder. Uff, eine warme Dusche, mehrere funktionierende Herdplatten und ich bin dankbar und feiere mein Leben. Eine kleine elektrische Herdplatte zu haben, klingt vielleicht romantisch, ist es aber nach ein paar Wochen nicht mehr. Um zu beschreiben, wie langsam dieses Ding war, erwähne ich eine kleine Geschichte von Niko, auch ein Freiwilliger. Er wollte für seine Freundin Pauline und sich Pfannkuchen machen, brauchte dafür aber geschlagene 3 Stunden. Weil er, wann immer er den Teig in die Pfanne tat, durchschnittlich 15 Minuten warten musste, bis er den Pfannkuchen endlich drehen konnte. Eine optimale Zeit, um noch einmal auf die Toilette zu gehen, sauber zu machen oder eine Serie zu schauen. Eine wahre Entschleunigung für Niko, aber nicht besonders förderlich für die Harmonie in der Beziehung, wenn die Freundin langsam hungrig wird.

In Tel Aviv hatte ich nicht wirklich eine Dusche, in der ich sauber wurde, sondern eine, die mich gefühlt eher noch dreckiger machte. Kennst du das? Du willst dir an einem dreckigen Waschbecken nicht die Zähne putzen oder die Hände waschen, weil das kein sauberes, ästhetisches Gefühl hervorbringt? So ungefähr war das mit meinem »Bad«. Aber keine Angst, ich habe mich nicht ein Jahr lang nicht geduscht, ich hatte den großen Vorteil, fitnessstudiosüchtig zu sein und konnte mich da duschen. Dort war es besser als zuhause, aber ab und zu lagen auch da tote Kakerlaken oder andere eklige Dinge herum. Irgendwann störte mich das lustigerweise aber gar nicht mehr, sondern ich lernte wirklich über solche Dinge zu lachen, weil mich alles andere in die Knie gezwungen hätte. Blöd war nur, wenn ich nach der Arbeit und dem Training am Strand war. Ich erinnere mich, dass ich die eine oder andere sandige Nacht erlebte, aber wer braucht schon Peeling Cremes? Neben unserer Dusche war auch die Toilette verstopft. Deswegen gingen wir Mädels oft bei den Jungs oder eben im Krankenhaus aufs Klo. Bei den Jungs konnten wir aber nur gehen, wenn sie da waren und ihre Tür nicht abgeschlossen hatten, deswegen liefen wir oft im Schlafanzug grinsend an den Rauchern* vorbei zur Krankenhaustoilette. Mein schlimmstes Erlebnis war jedoch, als ich einmal ein Essen nicht vertragen hatte. Ich lief, um zur Toilette zu kommen, sehr schnell über den Krankenhaushof und versuchte trotzdem dabei noch ganz entspannt auszusehen. Na ja, wenigstens schaffte ich es noch rechtzeitig, aber das Erlebnis prägte mich und jagt mir sofort ein Grinsen ins Gesicht, auch wenn ich damals nicht gedacht hätte, später darüber lachen zu können. Seitdem ich Kakerlaken in meinem Zimmer hatte, bringt mich auch keine Spinne mehr aus der Ruhe. Kakerlaken sind mit Abstand das gruseligste und größte Ungeziefer, das man einfach nicht auf seinem Kopfkissen oder in der Küche haben möchte. Aber neben Katzen lieben auch Kakerlaken das israelische Leben sehr.

Wir versuchten auch alles, um das Ungeziefer loszubekommen – Giftsprays, Gerüche, wir versuchten sie einzufangen oder die Toilette runterzuspülen. Auch wenn wir dabei lustigerweise vergaßen, dass unsere Toilette verstopft war. Als Abschreckung legten wir sogar einmal eine tote Kakerlake für die anderen Kakerlaken vor die Tür, weil wir dachten, dass das etwas brächte. Merkst du, wie verzweifelt wir waren? Wir packten sogar die alten Indianer*künste aus. Es steckt wohl immer noch im Blut. Aber wir hatten keinen Erfolg, die Kakerlaken ließen sich von nichts abschrecken, also mussten wir mit ihnen leben, und irgendwie schafften wir auch das mit viel Humor und Geschrei. Ähnlich wie unsere Dusche sah auch das Waschbecken aus, deswegen putzte ich mir die Zähne grundsätzlich nur auf dem Balkon. Am ersten Tag wunderten sich die Sicherheitskräfte zwar darüber, was ich da tat, aber ab dem zweiten Tag nickten sie mir einfach nur noch zu. Was die sich wohl dabei dachten?

Die rennt mit Boxershorts zur Krankenhaustoilette, putzt sich draußen die Zähne und macht ihre Wäsche während der Arbeitszeit? Oh ja, das war eine Sache, die sehr von meinem Arbeitsethos abwich, aber einfach nicht anders funktionierte. Wir waren, wie oben schon erwähnt, 25 Freiwillige und hatten zwei Waschmaschinen zur Verfügung, okay eigentlich nur eine, weil die andere nie wirklich repariert wurde. Also kannst du dir selbst ausrechnen, wie oft ich die Chance auf eine freie Waschmaschine hatte. Also wusch ich meine Wäsche entweder nachts oder warf sie schnell zwischen zwei Patienten* in die Maschine. Irgendwie geht doch alles. Die 12 Monate in dieser Unterkunft waren nicht immer einfach und stellten uns Tag für Tag vor neuen Herausforderungen, aber wir hatten auch den Spaß unseres Lebens und lernten das Wichtigste für unser Leben: Man kann auch mit sehr wenig Luxus im Leben glücklich sein. Um mein Gemüt in einem Satz zu beschreiben: Himmelhochjauchzend, zu Tode betrübt.

Arbeiten in Tel Aviv

Wie ich eingangs schon erwähnte, arbeitete ich für ein Jahr in einem Krankenhaus, das zugleich auch eine Rehaklinik, aber auch ein verstecktes Altersheim mit umfasste. Warum versteckt? Weil es in Israel, ähnlich wie in Italien, keine richtige Altersvorsorge und auch keine Altersheime oder betreutes Wohnen gibt. Also bleibt der Familie nur eine Option, wenn sie keine Zeit oder Kapazität für ihre alternden Liebsten hat, und das ist die Unterkunft im Krankenhaus. Das kostet zwar viel Geld, ist aber für viele wohlhabendere Israelis eine ziemlich normale Sache. Die Familie wird in Israel großgeschrieben und hat höchste Priorität. Mein Herz geht auf, wenn ich an die Wochenenden im Krankenhaus denke. Die Familien besuchten ihre Liebsten immer und machten dann meist Picknick im Krankenhaushof oder verbrachten einfach Zeit miteinander in Form von gemeinsamem Singen, Vorspielen von Liedern oder Geschichten lesen. Es war immer ein buntes Treiben für die Patienten* und eine wertvolle Abwechslung zum Krankenhausalltag. Ich merkte immer, welche Fortschritte die Kranken machten, nachdem man gemeinsam Sabbat gefeiert hatte.

Übrigens begann meine Arbeitswoche immer am Sonntag, weil Sabbat Freitagabend beginnt und bis Samstagabend dauert. Bis heute etwas, an das ich mich nie gewöhnen konnte.

Unser Krankenhaus bestand aus ungefähr 10 verschiedenen Stationen, auf denen wir unterschiedlich eingeteilt waren. Es gab eine Kinderstation, eine Orthopädie und eine Unfallstation, eine Altenstation, Zwischenstationen, eine Physiotherapie und einen Kraftraum. Wer mich kennt, weiß sofort, wo ich arbeitete. Als Freiwillige hatte ich die Aufgabe, Patienten* von A nach B zu bringen. Also zum Beispiel von der Station zur Therapie und wieder zurück. Ich half bei den Essensausteilungen und bei anderen unterstützenden Tätigkeiten, die die Kranken aufgrund von Lähmungen durch Schlaganfälle beispielsweise, Beinverletzungen oder anderen Behinderungen nicht allein ausführen konnten. Tag für Tag war ich mit anderen Krankheiten konfrontiert und lernte plötzlich, was es bedeutet, gesund zu sein, aber auch, wie schnell sich das Blatt wenden kann.

Es gibt das Sprichwort: Ich wünsche dir Gesundheit, denn das ist das Wichtigste im Leben.

Ich habe sehr lange darüber nachgedacht. Was störte mich an dem Begriff, *das Wichtigste im Leben*. Denn einer meiner Patienten machte mich auf etwas aufmerksam, was mir zuvor nicht bewusst war: Mit Mitte 50 hatte er einen Schlaganfall erlitten und war auf der linken Seite gelähmt. Ich brachte ihn oft zu seinen Therapien, wobei er immer fröhlich war und glücklich wirkte. Manchmal war er sogar besser drauf als ich. Ich begann mir Gedanken zu machen, was diesen Mann so glücklich sein ließ, wenn doch Gesundheit das Wichtigste ist? Als ich ihn einmal von der Physiotherapie abholte und wir gemeinsam im Krankenhaushof saßen und der Sonne entgegen blinzelten, traute ich mich, ihn zu fragen, wie er es schaffe, immer so glücklich zu sein, obwohl er an seinen Rollstuhl gefesselt sei und die Zeit nicht mit seinen Kindern und seiner Frau verbringen könne, sondern Tag für Tag die Therapien machen müsse. Er blickte mich an, seine Kippa fiel ihm vor Erstaunen vom Kopf, ich war mir nicht sicher, ob ich das heilige Stück einfach so anfassen durfte, hob die Kippa aber doch auf und gab sie ihm. Ich glaube den Umständen entsprechend, war mir das gestattet. Er antwortete: »Gesundheit ist nicht das Wichtigste. Es ist die Dankbarkeit. Ich bin dankbar, dass ich eine Familie habe und dass ich jeden Tag Therapien machen kann, die mir helfen, irgendwann aus diesem Krankenhaus herauszugehen, zwar noch immer mit meinem Schlaganfall, aber mit einem erlernten Umgang damit. Vielleicht bin ich noch glücklicher als vorher, obwohl ich weiß, dass ich nicht gesund bin. Und bleiben wir einmal realistisch, wer weiß das schon? Gott hat mir ein Leben geschenkt, und ich will mich nicht von dem Schicksalsschlag herunterziehen lassen, sondern mache weiter.«

Wow. Sehr starke Worte, die mein Herz bis heute sehr bewegen. Übrigens machte der Patient, der nach und nach mein Lieblingspatient wurde, aufgrund seiner Stärke und wegen seiner positiven Art sehr schnelle Fortschritte und konnte tatsächlich das Krankenhaus humpelnd auf einer Krücke verlassen.

Bis heute denke ich an ihn und weiß, dass die Dankbarkeit eine so viel größere Kraft und Dimension in sich trägt als, sich nur Gesundheit zu wünschen. Vielleicht sollten wir den Blick daraufhin weiten und die Glückwunschkarte erweitern auf den Wunsch: »Ich wünsche dir, dass du dankbar sein kannst«.

Fahrstuhlromantik

Im Krankenhaus arbeitete ich auch auf einer Station, auf der das Fitnessstudio untergebracht war. Bei uns konnten Patienten* alte Bewegungsmuster wieder neu erlernen und ihre Kraftausdauer verbessern.

Allerdings gab es einen entscheidenden Unterschied zwischen den anderen Therapien und dem Kraftraum: den Kraftraum aufzusuchen, war nur so halb verpflichtend. Deswegen hatten Patienten* oft keine Lust, wenn ich sie für ihre Einheiten abholte. Dabei erlebte ich alles:

Viele stellten sich schlafend, wenn ich kam, oder versteckten sich auf den Stationen. Am besten war es immer, wenn sie mich sahen und dann versuchten, mit ihren Rollstühlen wegzurollen.

Tut mir leid, meine Habibis, ich war leider schneller und habe euch zu jeder Einheit geschleppt, auch wenn ihr mich oft dafür gehasst habt. Oft wurde ich gefragt, aus welchem Land ich käme. Viele vermuteten Deutschland oder Frankreich. Diese Frage stellte mir auch einer meiner Patienten, der nur ein Bein hatte und eine Prothese trug. Er grinste mich an und erklärte mir, dass auch er Halbdeutscher sei. Ich grinste zurück und fragte ihn, ob väterlicher- oder mütterlicherseits. Raten Sie mal? Weder noch – seine Prothese sei von guter deutscher Qualität, erwiderte er. Darauf war er stolz, und ich fand das irgendwie sehr süß und herzzerreißend.

Wie sich aus dem Kapitel erschließen lässt, mussten wir Patienten* mit Fahrstühlen von A nach B bringen.

Anders ging es kaum, weil die meisten im Rollstuhl saßen oder zu schwach für die Treppe waren. Das Problem dabei war allerdings, dass es im Krankenhaus nur zwei Fahrstühle gab, die gefühlt jeden zweiten Tag kaputt gingen und auch hin und wieder stecken blieben. Einmal, an einem heißen Sommertag kurz vor Feierabend, als ich mich schon freute, nicht so lange auf den Fahrstuhl warten zu müssen, und auch darüber, dass es keinen Menschenstau vor den Fahrstühlen gab, drängte sich plötzlich noch einer vom Küchenpersonal mit zwei Mülltonnen mit in den Fahrstuhl, nachdem ich meinen letzten, sehr streng aussehenden und zu den orthodoxen Juden gehörenden Patienten abgeholt hatte, um ihn in sein Zimmer zu bringen. Fragt bitte nicht nach, das ist völlig normal für Israel, dass sich alle zusammen in die Fahrstühle quetschen, wie Patienten*, Küchenpersonal mit Mülltonnen und das Begleitpersonal wie ich. Gedankenverloren starrte ich während der Fahrt die Mülltonne an, mein Patient war auch sehr abwesend und wollte anscheinend nur noch ins Bett. Er mochte mich eh nicht, weil ich ihn ins Fitnessstudio gezwungen hatte. Und plötzlich stockte der Fahrstuhl und es gab einen großen Ruck. Nichts bewegte sich mehr. Wir steckten fest. Handyempfang gab es auch keinen.

Ich versuchte, meinem Patienten mit meinem gebrochenen Hebräisch zu erklären, dass er ruhig bleiben müsse und dass ich versuchen wolle, Hilfe zu holen. Der Typ mit den Mülltonnen aber brüllte rum. Auf welcher Sprache weiß ich bis heute nicht. Es klang wie Arabisch.

Gefühlt 100-mal drückte ich die Alarmglocke, nichts passierte, und so langsam ging selbst mir der Optimismus verloren. Die Minuten zogen sich erbärmlich in die Länge. Und irgendwie machten mich beide Männer in diesem Fahrstuhl für die Situation und für die Lösungssuche verantwortlich. Danke auch! Endlich erklang nach 20 Minuten eine Stimme aus der Gegensprechanlage und erklärte uns, dass man sich darum kümmern wolle, es aber noch dauern könne. Dauern können ist in Israel eine sehr dehnbare Zeitangabe. Ich rechnete also optimistisch mit einer halben Stunde und versuchte, meinem Patienten auf Deutsch, halb auf Hebräisch und Englisch gut zuzureden. Er mochte mich immer noch nicht. Puh, endlich.

Der Fahrstuhl bewegte sich und wir konnten raus. Oh Mann, seitdem vermeide ich in Deutschland jeden möglichen Fahrstuhl und war in dieser Situation sehr dankbar dafür, dass mein Patient psychisch und physisch durchgehalten hatte. Lag bestimmt an seinem Training vorher ...

Sabbat, Yom Kippur und Rosch ha-Schana

Der Sabbat und damit eingebunden das Wochenende haben eine ganz besondere, ruhige Ausstrahlung in der sonst so lebhaften Stadt. Der Sabbat beginnt Freitagabend mit Sonnenuntergang und endet am Samstag mit Sonnenuntergang. Ab Freitagabend fahren keine Busse mehr und auch die Geschäfte, viele Restaurants, Lebensmittelläden und sogar Fitnessstudios haben ab Freitagmittag bis einschließlich Samstag geschlossen. Um trotzdem von A nach B zu kommen oder von Tel nach Aviv, gibt es kleine Sammelbusse, sogenannte *Sheruts*. Am Sabbat geht es um Entschleunigung und Familienzeit oder wie es im dritten Gebot der 10 Gebote heißt: »Du sollst den Sabbat heiligen.« Aus eigener Erfahrung kann ich wirklich sagen, dass sich 80% der Israelis daranhalten und die Zeit mit ihren Liebsten verbringen. Oft fahren die Familien raus aufs Land, weil die meisten nicht in der Innenstadt wohnen, grillen dann in den Parks oder spielen am Strand. Ich merkte schnell, wie gut mir selbst die Auszeit tat. Die Juden und Jüdinnen kochen meist das Essen am Vortag schon vor, um am Sabbat keine Arbeit zu verrichten. Das nimmt jede Familie unterschiedlich ernst. Ich erinnere mich an eine sehr ruhige und besinnliche Wochenendschicht im Krankenhaus, als viele Familien bei den Kranken zu Besuch waren. Nach Feierabend quatschte ich am Ausgang noch mit dem Sicherheitsmann. Während wir redeten, eilte uns eine Frau entgegen und erklärte, sie bräuchte dringend Hilfe und wohne nur zwei Häuser weiter. Mein Helfersyndrom hinterfragte die Situation nicht weiter, und ich ging etwas blauäugig mit der jungen Dame mit. Wir standen vor ihrem Haus und sie erzählte mir, sie hätte ein Problem mit ihrem Licht. Ich dachte mir nur so, okay..., ich bin leider keine Elektrikerin und das ist auch wirklich nicht mein Fachgebiet, aber die Situation schaue ich mir trotzdem an. Sie ging mit mir in ein Zimmer, in dem ihr Opa schlief, ja ich weiß, alles etwas sonderlich. Das Zimmer war hell erleuchtet, und ich sagte grinsend, dass das Licht doch funktioniere. Sie schaute mich entgeistert an und bat mich, es auszuknipsen, weil sie es am Sabbat nicht machen dürfe und ihr Opa schlafen wolle. Mein Gehirn realisierte das Ganze erst hinterher. Ich war als Fremde in ein fremdes Haus einer fremden Frau nachgelaufen, um ein Licht auszuschalten. Ja, ja, Tel Aviv, Erlebnisse, die ich nie vergessen werde.

Ein Bedürfnis nach Shopping, Reisen und Einkaufen entstand erst gar nicht, weil ich ohne Verkehrsmittel nicht aus der Stadt kam. Das hat Vorteile, aber auch für uns Freiwillige Nachteile, weil wir meist einen Urlaubstag am Freitag nehmen mussten, um aus der Stadt rauszukommen. Am Sabbat bin ich einmal getrampt. Was soll ich sagen, 40 Grad und Sonne, Autobahn und Daumen raushalten zusammen mit dem Mitfreiwilligen Tim, bis wir bei einem Bekifften einstiegen, der nach Hause wollte und fröhlich vollgestopft von seiner Familie zurück nach Tel Aviv fuhr. Ja, kiffen ist auch so ein Lebensstil in Israel. Läuft man durch die Stadt, riecht man das grüne Gold an jeder Ecke. Sitzt man am Strand, bekommt man ungefähr einmal pro

Stunde einen Joint angeboten. Kein Scherz! Weil ich nicht rauche und keinen Alkohol trinke, hat mich das weniger gereizt, aber so manch anderer hätte da bestimmt sehr viel Spaß daran gehabt. Neben den Familienessen, die in Israel jedes Wochenende wie ein Weihnachtsmahl wirken, gehen die Israelis Samstagmorgen in die Synagoge und besinnen sich bei einem Gottesdienst mit Tora-Lesungen und Gebeten.

Yom Kippur

Yom Kippur, der Tag der Sühne, findet seinen Ursprung wie so ziemlich jede Tradition der Israelis in der Bibel. Genauer gesagt, wird er unter anderem in Exodus 23,14f. oder Deuteronomium 16, 1-17 erwähnt.

Für mich war es der prägendste Feiertag in meinem bisherigen Leben. An diesem Tag dürfen keine Autos fahren (bis auf Polizei und Krankenwagen), keine laute Musik gespielt und keine Hobbys ausgeführt werden und nahezu alle Geschäfte haben geschlossen. Tel Aviv ist dann wirklich still. Richtig still.

Neben der Ruhe gibt es mehrere Traditionen. Als Freiwillige kamen wir zum Beispiel in den Genuss, mit dem Fahrrad auf der Autobahn fahren zu können, viele fuhren sogar einmal nach Jerusalem und zurück. Ich sage euch, das Erlebnis lohnt sich sehr, Amsterdam ist dagegen nichts. Ich wollte den Tag wie ein Israeli miterleben, deswegen fastete ich auch bis Sonnenuntergang. Durch das Fasten besann ich mich mehr auf meine Psyche und Physis und besuchte auch den Gottesdienst in der Synagoge, um mich auf die jüdische Geschichte und ihre Spiritualität einzulassen. Die Stille, das Fasten und die Nachdenklichkeit in der

Stadt waren sehr wichtige und intensive Gefühle für mich, um in mich hineinzuhorchen und Geschichte reflektieren und aufarbeiten zu können. Nach Sonnenuntergang lachten und sangen wir und aßen gemeinsam, aber trotzdem wirkte jede* von uns beseelter und besonnener als zuvor.

Rosch ha-Schana

Neben Yom Kippur ist ebenfalls Rosch ha-Schana einer der wichtigsten Feiertage. An diesem Tag feiern die Israelis ihr Neujahrsfest, quasi Silvester. Das Datum für diesen jüdischen Neujahrbeginn ist für uns sehr ungewohnt. Meist fällt er in die Monate September oder Oktober. Das Fest fällt immer auf den ersten Tischri, was für den religiösen Kalender der siebte Monat ist. Da haben wir wieder unsere verwunschene, vielmals gedeutete Zahl sieben. Der Begriff ראש השנה bedeutet ‚Haupt des Jahres' und ist biblisch in Levitikus 23,24-25 und Numeri 29,1f. bezeugt.

Das Interessante ist die jüdische Zeitrechnung, im Jahr 2023 wurde das Jahr 5784 gefeiert.

Das Neujahr beginnt am Abend wie jedes Fest, denn in Genesis (1. Buch Mose) heißt es: »Da ward aus Abend und Morgen der erste Tag.« Die Feierlichkeiten von Rosch ha-Schana dauern zwei Tage. Am Abend des Neujahres treffen sich die Familien feierlich, gehen in die Synagoge und essen gemeinsam. Meist gibt es Speisen mit Honig wie zum Beispiel Honigkuchen. Das steht für den Beginn eines süßen, neuen Jahres.

Immer einen Schritt voraus

Bevor ich nach Israel ging, hatte ich nicht viel Ahnung von anderen Ländern. Wir hatten als Familie zwar immer Urlaub in Ländern wie Italien oder Frankreich gemacht, aber es macht dennoch einen großen Unterschied, auf einen anderen Kontinent zu fliegen und außerhalb der EU zu sein. In meinem kleinen deutschen Gehirn dachte ich, wir seien als Deutsche sehr fortschrittlich, weil wir von vielen anderen Ländern immer als so wohlhabend, modern und privilegiert dargestellt werden. Aber da belehrte mich Tel Aviv in vielerlei Hinsicht eines Besseren. Übrigens ‚Tel' steht für Hügel und ‚Aviv' für Frühling. Die Bezeichnung Frühlingshügelstadt klingt nach Stimmung, Entwicklung und Fortschritt. In Israel wurde der erste USB-Stick erfunden, Israel ist modern mit Glasfasernetzen ausgerüstet und sogar in der Wüste habe ich vollen Internetempfang, und das für einen Preis mit unbegrenztem Datenvolumen für 7 Euro pro Monat! Auf der deutschen Autobahn kann ich nicht die ganze Zeit telefonieren, aber wenn ich kilometerweit durch die Wüste wandere, habe ich bestes Netz und Empfang. Durch die vielen Sicherheitskontrollen ist die Stadt und das Land sicherer als viele immer denken. Es stellt zwar eine sehr große Umstellung dar, wenn man überall Soldaten* mit ihren großen Waffen sieht, aber nach ein paar Wochen wirkt dieses Bild normal. In Israel gibt es eine Wehrpflicht, drei Jahre für die Männer und zwei Jahre für die Frauen, deswegen waren Soldaten* meist auch nicht viel älter als ich und fuhren oft mit dem Bus mit. Das war schon jedes Mal ein Erlebnis. Neben mir saß eine Soldatin mit einer großen Waffe, vor mir ein orthodoxer Jude mit Gebetsriemen, der noch schnell sein Gebet im Bus stehend vollenden musste. Aber, wie ich es schon sagte, der Mensch gewöhnt sich an so vieles.

Seit 2023 gibt es sogar erste autonom fahrende Busse, die in den Städten bereits unterwegs sind und getestet werden. Und es existieren Notfallsanitäter* auf Mopeds, die vor dem Krankenwagen an Ort und Stelle sein können, weil sie sich schneller durch Verkehrsknoten durchfädeln können. Das Land Israel hat dafür sogar eine feste Ausbildung geschaffen, damit möglichst viele noch nicht ausgebildete Mediziner* dennoch Leben retten können. Wahnsinn, oder? Neben den technischen Fortschritten ist die Stadt auch sonst im Bahn- und Busnetz sehr gut entwickelt und am Sabbat sind E-Scooter auch sehr beliebt.

Das kleine Israel bringt mich immer wieder neu zum Staunen.

Übrigens hat das Land gerade einmal 9 Millionen Einwohner* und man kann mit dem Bus in gut fünf Stunden vom Norden in den Süden gelangen. Neben Jerusalem als Hauptstadt ist Tel Aviv die größte Stadt. Wegen ihrer Freiheit und der Liberalität auch gegenüber der LGBTQ-Bewegung wird die Frühlingsstadt auch gerne als Seifenblase in Israel beschrieben. Sie ist eine Stadt, in der so vieles erlaubt und gestattet ist. Dort darf ich sein, wer ich bin. Aufgrund der Größe ihres Landes kennen sich die Israelis sehr gut in ihrem Land aus und denken immer, bei uns Deutschen sei das ähnlich. Nur dass wir knapp 83 Millionen Einwohner* haben.

Viele erzählten mir immer stolz von ihren Deutschlandurlauben im Schwarzwald oder im Ruhrpott, in Berlin,

München oder Leipzig. Und ich musste dann oft zugeben, dass ich noch nie im Ruhrpott war und im Schwarzwald nur als kleines Mädchen. Das verstehen die Israelis meist nicht wirklich. Und fragt mich nicht, warum Israelis den Schwarzwald bevorzugen, ich glaube wegen der Sauberkeit, Ruhe und Ordnung, alles Eigenschaften, die oft etwas in ihrem Land vor lauter Chaos und Bewegung untergehen.

Plastiktüten 3+1

In Deutschland ist man um Angebote oft sehr verlegen und meist sind einzelne Produkte mit Prozentangaben reduziert. Abgesehen vom Winter- oder Sommerschlussverkauf und dem Framstag bei Penny. Aber in Israel spielen Angebote eine sehr große und bedeutende Rolle.

Im Supermarkt gilt oft die Regel 3+1, oder 3+2. Ob ich deswegen schon öfter mit 5 Spaghettipackungen an der Kasse stand? Vielleicht. Und ich muss dazu betonen, dass war alles vor Corona. Die Israelis stifteten mich durch ihre Massenangebote immer zum Kaufen an, das passiert einfach. Als Deutsche denke ich sofort, oh, ich bekomme zwei Produkte umsonst, obwohl ich sie gerade nicht wirklich brauche oder auch verbrauchen kann. Die Angebote sieht man überall in der Stadt, nicht nur in Lebensmittelläden, sondern auch bei Hosen, Shirts und, ja, sogar bei Schuhen. Sehr gefährlich für Menschen mit Shoppingvorliebe und Kaufrauschtendenz. Ich habe mich oft gefragt, warum das hier so eine Eigenart ist. Aber nach meiner Sabbaterzählung macht es natürlich plötzlich totalen Sinn. Die Familie steht ganz oben auf der Prioritätsliste und Familienessen am Sabbat sowieso. Und damit meine ich nicht nur die Familie im kleinen, vornehmen Kreis wie in Deutschland, sondern alle-alle. Da werden aus zwei Nudelpackungen schnell mal fünf. Trotz dieser Erkenntnis war das Angebot für mich als einzelne Freiwillige völlig sinnlos, aber trotzdem immer wieder verlockend.

Feierabend in der nie schlafenden Stadt

Was macht man nach Feierabend in der prächtigen Frühlingsstadt? Zunächst empfehle ich, die Stadt nicht im Winter zu besuchen. Wir denken zwar automatisch, ah, da ist es im Gegensatz zu Deutschland bestimmt schön warm. Aber nein, definitiv nicht. Ich habe in Tel Aviv und Rom gefroren wie an keinen anderen Orten zuvor. Länder wie Italien oder Israel sind einfach sehr schlecht auf Kälte eingestellt. Warum eigentlich? Auch in diesen Bereichen der Erde ist es nichts Neues, dass es mal kälter im Winter wird. Israel hat aber keine Heizungen, nur Klimaanlagen. Und wenn Klimaanlagen warme Luft ausspucken, fühlt sich die Luft an wie eine leichte, warme und stickige Brise. Vorausgesetzt natürlich, dass die Klimaanlage funktioniert. Hinzu kommt in den Wintermonaten der viele Regen. So viel Regen, dass man gezwungen ist, zu Hause zu bleiben. Also das, was ich jeden Tag vermeiden wollte. Heiß duschen hilft auch nicht, wenn man nur eine Dusche im Fitnessstudio hat. Aber was soll ich sagen, auch die Regenfluten und die Kälte meisterte ich. Nur, dass ich seitdem eine noch größere Frostbeule geworden bin, weil ich innerlich eine große Angst vor Kälte entwickelt habe. Meist schlief ich mit zwei Pullis und einer Mütze und war sehr verzweifelt. Aber die ersten Sonnenstrahlen im Frühling pusteten die ganzen Sorgen und Ängste mit einem Male wieder weg oder, besser gesagt, strahlten sie weg.

Die Stadt sollte man also am besten in einer anderen Jahreszeit als in den Wintermonaten bereisen. Der größte Vorteil, den Tel Aviv bietet, ist das Meer. Man kann an der Strandpromenade von der Altstadt bis zum Hafen entlang wandern, Bars besuchen oder Sportler* und Künstler* bewundern, die aktiv die kleine Seifenblase bereichern. Fast jeden Tag bin ich ans Meer gefahren, habe gelesen, Menschen beobachtet, Sport gemacht und mich gesonnt. Es war herrlich!

Tel Aviv bestand zunächst nur aus einer Altstadt und hat sich später erst auf eine größere Fläche hin ausgedehnt.

Man kann in ihr durch kleine Gassen laufen und künstlerische, süße Läden erkunden.

Das Ganze hat sogar italienisches Flair. In der Altstadt bemerkt man noch mehr das Zusammenleben von Arabern* und Israelis. Jede* hat seinen Laden für sich, aber trotz vereinzelter Auseinandersetzungen wirkt in den Gassen meist alles friedlich. Vielleicht liegt es auch an dem hohen Graskonsum. Die Innenstadt in Tel Aviv hat vieles zu bieten. Besonders zu empfehlen sind die großen Märkte, auf denen es von frischem Obst und Gemüse über Gewürze, Kleidung und Accessoires alles gibt. Auch hier ähneln die Israelis sehr stark den Italienern*. Auf den Märkten und in der Stadt ist die Lautstärke +100. Es wird gehupt, geschrien und wild gestikuliert. Zebrastreifen sind tatsächlich nur eine Straßenbemalung und haben keine Bedeutung, es sei denn, man hat keinen Überlebenssinn.

Als Deutsche kam mir das am Anfang alles sehr merkwürdig vor, aber dann stellte ich fest, dass die Israelis und auch die Italiener* (auf die ich im zweiten Teil des Buches noch zu sprechen komme) sich liebevoll anschreien und raumeinnehmend auf ihr Recht beharren.

Ich dachte immer, sie streiten sich, aber das ist der normale Umgangston. Nach einer Zeit in der Stadt habe ich mir die Eigenheiten auch angewöhnt, weil man anders nicht über die Straßen kommt oder sich sonst nicht durchsetzen kann. Ich glaube, wenn ich in Deutschland jemanden lautstark anhupen oder schreiend auf den Markt laufen würde, hätte ich einige Anzeigen am Hals. Die Israelis haben für diesen ganzen Lebensstil das wunderschöne Wort: »balagan« (בלאגן), das für Chaos und wildes Durcheinander steht.

Wenn ihr also in der Stadt mitten im Chaos landet, nicht verzweifeln, sondern einfach »Balagan!« rufen und grinsen.

Wenn man von außerhalb in die Innenstadt hineinfährt, sieht man die drei sogenannten Azrieli Tower, die ein architektonisches Meisterwerk darstellen. Sie haben drei verschiedene Formen und sollen Vielfalt und zugleich ein harmonisches Miteinander darstellen. In den Towern kann man shoppen gehen, Kaffee auf einer grandiosen Dachterrasse genießen oder einfach nur rumlungern. Strand, Künstler*, Architektur, Märkte und, bevor ich das Wichtigste vergesse, die Menschen! In Tel Aviv bekommt man wahre Inspirationen, was Kleidung und die dahinterstehenden Persönlichkeiten anbelangt. In der Stadt kann und darf alles von Kippa bis Bikini getragen werden. Denn abgesehen von den anderen Orten in Israel, ist Tel Aviv sehr liberal und offen. In dieser Stadt habe ich die schönste Gay Parade meines Lebens erlebt.

Es herrschte eine grandiose Stimmung, hunderte von Menschen waren da, aber keiner hat geschubst oder gedrängelt, sondern alle waren frei(zügig) und glücklich. In diesen Momenten spürte ich den Frieden, den es auch zwischen Menschen geben kann, sehr. Die Ruhe und Freude am gelingenden Leben. Die Sorgen zwischen den kulturellen Unterschieden waren verblasst und die Persönlichkeiten und Freigeister waren an diese Stelle gerutscht. Das Wort Toleranz wird in dieser Stadt sehr großgeschrieben. Aber nicht auf eine offensichtliche und aufdringliche Art, so dass sich LGBTQ - Anhänger weder outen, verteidigen oder erklären müssen. Es wird nicht radikal in den Vordergrund geschoben, sondern es existiert friedlich zwischen den vielfältigen Menschen. Durch die Gassen weht ein gelassener und friedfertiger, ja respektvoller Umgangston. Denn die Israelis wissen alle, dass es so viel größere Probleme gibt und das Leben im Gaza-Streifen ganz anders sein kann.

Bauhaus

Ich wollte es eigentlich nicht erwähnen, aber der Vollständigkeit zuliebe doch: Ja, in Tel Aviv gibt es seit dem Jahr 2000 ein Bauhaus-Viertel. Und nein, ich weiß nicht, warum es alle unbedingt anschauen und bestaunen wollen. Ich persönlich finde es absolut unspektakulär.

In der bunten Stadt wirkt es auf mich fast schon wie ein Fremdkörper. Aber wenn man schon mal da ist, kann man auch mal schnell durchlaufen und stolz auf die Bauhauskunst sein, wenn man sie so sehr mag.

Als Frau in Israel

Wegen der kulturell unterschiedlich geprägten Städte, die allesamt sehr facettenreich sind, finde ich es sehr spannend, als Frau allein in Israel zu leben. In Tel Aviv ist es keine Seltenheit, als Frau allein unterwegs zu sein. Durch die überall stationierten Polizisten* habe auch ich mich meist sicher und wohl gefühlt. Natürlich mied ich abends und auch tagsüber bestimmte Parks und Gassen, aber das gehört zum gesunden Menschenverstand einer Frau dazu. Denn vor allem in Tel Aviv gibt es ein paar Parks und Viertel, in denen mit Drogen gehandelt wird und es zu nächtlichen Aktionen mit Nadeln und illegalen Kapseln, die eingeworfen werden, kommt.

Es ist wohl so ähnlich wie bei dem Film »Wir Kinder vom Bahnhof Zoo« oder wie in dem Buch des deutschen Comedy-Stars Felix Lobrecht »Sonne und Beton«. In Berlin Neukölln oder in der Gropiusstadt sollte man als Frau allein auch einfach nicht seine 10.000 Schritte sammeln. Durch meine wenig komfortable Wohnung (bedachter Raum) war ich aber sehr oft allein unterwegs und auch fast jeden Tag am Strand.

Der Vorteil in Tel Aviv ist einfach, dass 65% der gutaussehenden Männer schwul und sehr sympathisch sind und man sich um ihre Gentleman Art keine weiteren Sorgen machen muss. Am Strand herrscht auch ein sehr harmonisches Ambiente des gegenseitigen Vertrauens.

Viele fragen andere Alleinstehende, ob sie kurz auf ihre Sachen aufpassen können, weil der- oder diejenige mal schnell ins Wasser springen möchte. Ich habe auch oft andere Menschen danach gefragt und hatte immer Glück dabei. Du wirst dir denken, hmm okay, etwas naiv und blauäugig ist das aber schon. Da muss ich dir auch recht geben, aber weißt du, was eins der schönsten Gefühle ist? Einander zu vertrauen und dabei nicht hintergangen zu werden. Das hat in mir immer ein sehr erhabenes und Menschen zugewandtes Gefühl ausgelöst, und ich wollte mich einfach immer wieder aufs Neue in dieses Vertrauen hineinstürzen.

In meinem Krankenhaus und auch in der Stadt hatten viele Frauen höhere Positionen und es wirkte ein ausgeglichenes Verhältnis zwischen Männern und Frauen verbunden mit gegenseitigem Respekt.

In Jerusalem wirkte das Ganze auf mich etwas anders. Frauen kamen mir dort passiver vor, waren oft verschleiert und wirkten wenig befreit. Die orthodoxen Juden schienen immer etwas unbeholfen, was Lebenspraktiken angeht. Kein Wunder, sie studieren ja auch tagein und tagaus die Tora. Woher soll da die zwischenmenschliche Leichtigkeit, die Sensibilität und das Verständnis für das andere Geschlecht kommen? Es sind sehr interessante Beobachtungen und Begegnungen, die ich in Jerusalem mit den orthodoxen Juden und auch in Rom mit den zölibatären Priestern gemacht habe (aber dazu später). Manchmal konnte ich mir das Lächeln nicht verkneifen, wenn die Männer mit ihren riesigen Hüten hilflos drei Kinder hinter sich herzerrten und darauf hofften, dass diese zu weinen aufhörten. In Jerusalem wird man als Frau allein von anderen auch mehr angeschaut und angesprochen. Unter anderem auch von Arabern, die sich die Stadt mit den Juden teilen.

Diese Begegnungen veränderten mich und machten mich wachsamer. In Deutschland grinse ich sehr oft Menschen an, ob bekannt oder unbekannt. Einfach, weil es mir sehr viel Freude bereitet, anderen Menschen ein Lachen in das Gesicht zu zaubern und mit dieser kleinen Geste den Tag des oder der anderen zu erhellen. Im Ausland, aber mittlerweile auch in Deutschland, lernte ich, dass dieses Lächeln sehr oft falsch interpretiert wird und gleich die nächste Frage nach der Handynummer gestellt wird. Das entmutigte mich etwas, und so habe ich es mir angewöhnt, behutsamer und vorsichtiger mit meinem Lächeln umzugehen, weil es nicht nur als Geste der Freundlichkeit interpretiert wird. Dennoch muss ich sagen, dass ich auch immer gerne und sicher allein unterwegs war. Das ist eine Kunst, die ich erst in meinem Auslandsjahr erlernt habe. Daniel Craig sagte einmal: »Wenn du allein unterwegs sein kannst, unabhängig von anderen, dann hast du das wahre Glück für dich selbst erreicht.«

LGBTQ (LESBIAN, GAY, BISEXUELL, TRANSGENDER, QUEER)

Achtung! Sensibles Thema! ;)

Tel Aviv wird im Heiligen Land gerne als Seifenblase bezeichnet. Das spürte ich immer sehr, wenn ich in Städte wie Jerusalem oder an Orte wie Bethlehem reiste. Was in Tel Aviv zum Leben der Menschen gehört, ist in Jerusalem selbst noch nicht angekommen. In der Frühlingsstadt muss niemand seine sexuelle Orientierung verstecken. Das merkte ich mit jedem weiteren Schritt, mit dem ich durch Tel Aviv lief. Viele sind bunt und kreativ und wirken in sich selbst geerdet und besonders. Einmal im Jahr findet das Fest der Gay Parade statt. All diese bunten Menschen feiern einen riesigen Umzug an der Strandpromenade. Die LGBTQ - Orientierung wird niemandem aufgedrängt, aber es wird deutlich gemacht, dass es sie gibt.

Das Fest wird auf eine energetische, friedliche und hoffnungsvolle Art gefeiert.

Man kann an dem Umzug teilnehmen, den Menschen auf den Umzugswagen zujubeln und das Getümmel bewundern. Ich habe noch nie einen so großartigen Umzug erlebt. Die Stadt war voll, aber keiner* hat geschubst, alle waren fröhlich, bunt und gut gelaunt. Ich wollte an der Stimmung teilhaben. Es war zwar teilweise sehr wild und man konnte sehen, wie kreativ die LQBTQs ihre Wägen geschmückt hatten und auf ihnen tanzten. Die Stimmung steckte aber trotzdem an und animierte zur Freiheit. Spätestens bei der Stimmung an der Strandpromenade rutscht jedem Deutschen der Stock aus dem A*sch. Ich glaube, das ist das Hauptproblem mit LGBTQ. Es ist nicht so, dass viele dagegen sind, sondern sich viele durch die Orientierung verunsichert fühlen und Angst bekommen, dass die eigenen Vorstellungen, die das ganze Leben lang schon immer galten, plötzlich nichts mehr wert sein sollen. Ich habe in vielen Lebenssituationen gelernt, dass kaum etwas so viel Macht über uns hat, wie Normalität.

Es ist die Art, wie LGBTQ rübergebracht wird. Das Ziel ist doch eine gesellschaftliche Akzeptanz und kein pedantisches Aufzwingen und ständiges Thematisieren. Bevor wir über andere sexuelle Orientierungen urteilen, sollten wir uns fragen, was uns dazu berechtigt und was unsere Beweggründe für diese Urteile sind. Meist ist es Angst. Und die Angst ist immer eine schlechte Ratgeberin.

LGBTQ darf kein Angriff sein oder zum Hauptthema werden. Es soll als Bühne für die Akzeptanz anderer sexueller Orientierungen dienen. Und ich bin mir sicher, dass damit dann auch Oma Gerta kein Problem hat. Sie hat nur ein Problem damit, wenn jetzt alle plötzlich anders orientiert sind, und dass dann bei jedem Kaffee und Kuchen zum Hauptthema wird.

Wir alle haben Probleme und suchen nach gesellschaftlicher Akzeptanz, und zwar unabhängig von unseren Orientierungen. LGBTQ ist ein Thema, aber nicht DAS Thema.

In Wirklichkeit verstecken wir uns hinter dem Thema und haben Angst, eigene konservative Vorstellungen wegbrechen lassen zu müssen. Aber keine Angst, das wird nicht passieren. Familienaufstellungen wird es weiterhin geben, Liebende wird es weiterhin geben und eigene Orientierungen und Wertvorstellungen werden sich immer wieder verändern.

Mein Sozialkundelehrer, Herr Oberender, fragte mich einmal, was mich als Deutsche identifiziert. Und ich wusste nur als Antwort: die deutsche Sprache und mein deutscher Pass. Da sagte er lächelnd zu mir, dass die anderen Ausländer auch den deutschen Pass hätten und teilweise besser deutsch sprächen als so manch Muttersprachler*. Da merkte ich, dass mich nichts wirklich abhebt oder unterscheidet. Ähnlich verhält es sich mit LGBTQ. Ich habe keine Berechtigung, diesen Menschen ihr Liebesleben oder ihre Orientierung abzusprechen, sondern möchte sie leben und lieben lassen mit allen Freiheiten, die ich als Heterofrau auch habe.

Aber genauso wenig wie ich mir ‚hetero' auf die Stirn male, sollten viele LGBTQs sich das nicht radikal und wild auf die Stirn malen und bei jedem Gespräch zum Hauptthema machen, sondern es sanft und friedlich ausleben. Mit der Radikalität wächst wieder die Angst in den wertverwurzelten Menschen, und die verschließen sich dann nur noch mehr vor der Orientierung.

LGBTQ ist kein Wahlkampf oder ein Job, sondern immer noch eine Orientierung, wie ich auch eine habe. Ich glaube, das haben viele schon völlig vergessen.

Als ich meine kleine Schwester Mathilde zu ihrem 18. Geburtstag aus der Schule abholte, hing im Foyer ein großes Poster mit dem Spruch »Solange du dem anderen sein Anderssein nicht verzeihen kannst, bist du noch weit ab vom Weg zur Weisheit«.

Ich finde, dieser Spruch könnte ein Leitspruch für unsere kunterbunten Orientierungen und verschiedenen Vorstellungen werden und sollte uns immer wieder in die Toleranz und Loyalität zurückholen.

Glaubensleben in Israel

Das kleine Land mit seinen neun Millionen Einwohnern* weist eine erstaunliche Vielfalt auf und zeigt dadurch, wie das Miteinander von verschiedenen Religionen lebendig sein kann.

75,4% der Bevölkerung sind Juden*, 16,9% Muslime/Muslimas, 2% sind Christen* und 1,6% sind Drusen/Drusinnen (arabischsprechende Religionsgemeinschaft im Nahen Osten).[1]

Das Zusammenleben in den verschiedenen Orten gestaltet im Stadtbild eine multikulturelle Buntheit. In Jerusalem hat jede Religion so ein bisschen ihr eigenes Viertel, das erkennt man an den verschiedenen Ständen, den unterschiedlichen Essgewohnheiten und an den divergierenden Kulturen. Es ist fantastisch und wundersam, dass in einer so kleinen Stadt so viele Religionen nebeneinander und miteinander leben können. Einmal lief ich mit meinem Vater in Jerusalem durch die verwinkelten Gassen und sah vor mir, wie jemand von einem arabischen Stand etwas stahl. Sofort liefen die Juden des gegenüberliegenden Standes auf den Dieb zu und umzingelten ihn. Alles ging so schnell, aber es war ein Zeichen von gegenseitiger Loyalität.

Natürlich gibt es auch hin und wieder große Probleme. Geschichtlich hat es länger gedauert, bis jeder seinen Platz gefunden hat und auch verteidigen konnte, aber im Großen und Ganzen können die Israelis sehr stolz auf ihr multikulturelles Zusammenleben sein. In Tel Aviv ist es ähnlich. In der Altstadt halten sich vor allem die Muslime/Muslimas auf und im Zentrum sind die Juden* präsent. Man hört und erkennt das Nebeneinanderher vor allem auch immer wieder an den unterschiedlichen Gesängen. Bei meinem ersten Anfangsseminar in Tel Aviv übernachtete ich mit den anderen Freiwilligen in einem Hostel in Old Jaffa. Von dort aus hörten wir früh morgens und abends den muslimischen Gebetsruf, der mit nicht so guter Qualität aus den Lautsprechern der Gebetshäuser erklang. Ich glaube, ein krähender Hahn oder meine geliebten Kirchenglocken sind mir dann doch lieber.

Trotz der Vielfalt spielt das Judentum im Land die größte Rolle. Alle nationalen Feiertage sind jüdische Feiertage und auch die Flagge zeigt den *Davidsstern*. Hinzu kommt der Sabbat als Ruhetag, der auch wirklich von den Israelis sehr geschätzt und eingehalten wird.

Jerusalem spielt als Hauptstadt gegenwärtig eine sehr große Rolle und ist das Zentrum für die Juden und Jüdinnen. Nach biblischer Tradition stand auf dem Tempelberg das Zentralheiligtum, das 70 n. Chr. zerstört worden ist. Bis heute finden wir an dieser Stelle noch die Reste – die sogenannte Westmauer aka Klagemauer. An dieser beten sehr viele Menschen und schreiben ihre Gebete auf kleine Zettel und stecken sie in die Ritzen der Klagemauer. Übrigens werden Männer und Frauen vor der Mauer getrennt und jede* hat seinen oder ihren eigenen Zugang. Mit der Klagemauer habe ich meine eigene aufregende und unvergessliche Erfahrung gemacht.

Ich besuchte sie mit meinem Vater im Frühling 2019. Bevor wir zur Westmauer durften, mussten wir unser Gepäck kontrollieren lassen. Eigentlich ging das alles immer sehr schnell. An diesem Tag aber trank ich aufgrund der Wärme sehr viel und musste deswegen dringend zur Toilette. Mein Vater sagte: »Komm wir gehen vorher noch schnell durch die Kontrolle, hier findest du jetzt sowieso keine Möglichkeit, um auf die Toilette zu gehen.« Okay, okay.

Ich stellte mich an, wurde kontrolliert, und plötzlich piepste es wild um meinen Rucksack herum. Mit einem Mal war ich von Polizisten*umzingelt, die mich fragten, ob ich ein Messer dabeihätte. Erstaunt erwiderte ich: »Nein!« Da rissen sie mir meinen Rucksack aus der Hand und untersuchten ihn von oben bis unten. Dabei fanden sie mein kleines Taschenmesser und nahmen mir auch sofort meinen Reisepass ab. Oh Mann, ich hatte das Messer komplett vergessen, ich hatte es einfach aus praktischen Gründen dabei, um unterwegs Obst und Gemüse zu schneiden. Aber erklärt das mal einem aufgeregten, israelischen Polizisten vor der Klagemauer. Jetzt sollte ich mit drei Polizisten auf jemanden von der Armee warten. Ich ahnte Schlimmes und meine Blase drückte immer mehr auf mein Gemüt, sodass für mich die Situation immer ungemütlicher wurde. Nach weiteren 30 Minuten hielt ich es langsam nicht mehr aus und ich traute mich zu fragen, ob ich auf die Toilette gehen dürfe, gerne auch mit Begleitung.

Der Polizist lachte mich einfach aus und sagte, ich müsse warten. Da war nichts zu machen, also versuchte ich mich auf meine innere Stärke zu konzentrieren. Und dann endlich kamen die Menschen von der Armee und fragten mich aus, was ich in Israel mache und warum ich ein Messer dabeihätte. Es besänftigte sie etwas, dass ich ein freiwilliges Jahr in ihrem Land machte, aber das gute Taschenmesser nahmen sie mir trotzdem ab und zerbrachen es. Wow! Danke, na ja, mir war ehrlich gesagt erstmal alles egal, ich wollte nur endlich auf die Toilette und auch mein

Vater grinste mich einfach nur an. Das ist wohl einer der schönsten Momente, pinkeln, wenn man richtig dringend muss. Dazu fällt mir ein Witz ein: Eine Frau fragte ihren Mann auf einer Autofahrt, wie sehr er sie liebe. Er antwortete: »Ich liebe dich über alles mein Schatz.« Aber die Antwort schien der Frau nicht zu genügen. Nach einer Weile fragte sie nach einem Zwischenstopp, weil sie auf die Toilette gehen müsse. Der Mann versprach, bei der nächsten Möglichkeit zu halten. Zur Ablenkung fragte die Frau wieder ihren Mann, wie sich seine Liebe zu ihr anfühle und ob er sie wirklich für immer liebe. Der Mann grinste und erwiderte nichts mehr. Ohne Zwischenhalt fuhren sie weiter. Die Frau wurde langsam etwas ungemütlich, denn der Gurt drückte auf ihrer Blase. Da bat sie ihren Mann erneut nach einem Zwischenstopp. Der Mann zögerte das Ganze noch etwas hinaus und hielt schließlich an einer Tankstelle. Nachdem die Frau erleichtert auf die Toilette gehen konnte, antwortete er ihr: »Genau so sehr liebe ich dich mein Schatz.« Diesen Witz liebte ich als Kind sehr und ich fühle die Schmerzen der Frau seit meinem Klagemauer-Erlebnis. Seitdem gehe ich immer »Safety-Pinkeln« (lieber immer gehen, wenn die Möglichkeit besteht) und habe auch kein Taschenmesser mehr dabei. Manchmal aber fehlt mir das Messer. Dann denke ich an meine Klagemauer Erfahrung zurück und bin doch froh darüber.

Hummus und Falafel

In Israel gibt es genau zwei günstige Dinge, die Tag und Nacht den Magen beruhigen und immer zu finden sind. Richtig: Hummus und Falafel. Wenn ihr einmal Falafel in Israel gegessen habt, wollt ihr sie nicht mehr woanders essen. Es ist eine köstliche Harmonie aus Hummus, frischem warmen Fladenbrot und knusprigen Falafel, dazwischen meist noch etwas Salat und Tomate. Mehr braucht es nicht und das Essen ist sogar vegan. Schon allein bei der Zubereitung hätte ich immer ewig stehen bleiben können. Die Israelis haben eine riesige Schüssel mit Falafelteig und nehmen mit einem Eislöffel eine Kugel heraus, formen sie und werfen sie in die Fritteuse. Alles läuft sehr ästhetisch und flink ab. Dank des Gesetzes, alle Speisen koscher herzustellen, konnte ich mir auch bei allen anderen Gerichten immer sicher sein, dass kein Schweinefleisch verwendet wird, weil Schwein, Wildtier und auch blutiges Fleisch nicht gegessen werden dürfen. Auch sonstiges Fleisch darf nicht mit Milchprodukten zusammen verarbeitet werden. Das war für meinen empfindlichen Magen und meine Sportlerinnen-Ernährung ein wahrer Segen. Ich wusste immer sicher, dass nirgends Sahne oder laktosehaltige Dinge enthalten waren, wenn ich mein Hähnchen ass. Die Tradition des koscher-Essens stammt aus der Bibel und wird unter anderem mit Stellen aus dem 3. Buch Mose 17,14f., »Ihr sollt keines Leibes Blut essen...«, oder aus Deuteronomium 14,21, »Du sollst das Böcklein nicht kochen in der Milch seiner Mutter...«, belegt. Mit diesen Gesetzgebungen unterscheiden sich die Israelis bewusst von Nicht-Juden in ihrer Umgebung. Bis heute befolgen sie diese Regeln streng. Die Ernährungsform hatte und hat mehrere positive Effekte. Man kann sich gut denken, dass durch die Hitze viele Bakterien und Viren in dem blutigen Fleisch übertragen werden und damit auch das fettige Fleisch zu einem höheren Gesundheitsrisiko führt. Die koschere Ernährung allein gilt allgemein schon durch die Gesetze als gesünder und ist für Veganer* und Vegetarier* ohnehin besser geeignet. Übrigens gibt es wegen des Milchgesetzes auch sehr viele vegane Eisläden in Israel, weil man auf die süße Nachspeise auch nicht verzichten will.

Neben Hummus und Falafel aber war mein liebstes Gericht Shakshuka.

Shakshuka ist ein Gericht mit gebratenen Tomaten, darauf mehrere Spiegeleier, dazu isst man Pita. Herrlich und sehr einfach in der Zubereitung! Probiert es mal in der Pfanne oder im Backofen aus. Andere Lebensmittel wie Milchprodukte, Fleisch etc. sind in Israel durch die steigende Inflation leider sehr, sehr teuer. Für Tiefkühlbrokkoli musste ich zum Beispiel vier Euro bezahlen und für Gouda in der Packung auch. Magerquark bekam ich auch nicht unter drei Euro. Die Ausgaben summierten sich bei wöchentlichen Einkäufen sehr schnell, wenn man, wie ich, auf seine Ernährung achtet. Sehr zu empfehlen sind die frischen Obst- und Gemüseläden in den Städten. Aber auch die waren wie ein Glücksspiel. Leider sehe ich sehr deutsch aus und deswegen wurde ich da meist auch abgezockt. Für eine Avocado habe ich beispielsweise vier Euro bezahlen müssen. Die Jungs waren meist, was das preiswerte Einkaufen anbelangt, erfolgreicher, auch meine Berliner Freundin. Deshalb überließ ich ihr meist den Gang zum Markt. Anscheinend war ich dafür einfach zu blond und zu blauäugig.

Fahrradfahren und Joggen

Tel Aviv ist spezialisiert auf den Busverkehr. Bereits bevor die E-Scooter und E-Fahrräder in Deutschland berühmt wurden, gehörten sie in Israel schon zur Normalität.

Aber der Verkehr ist genau das Gegenteil von normal: Auf den Straßen und Wegen wird gehupt, geschrien und die Zebrastreifen dienen scheinbar nur der Bemalung der Straße. Ampeln haben auch keine wirkliche Bedeutung. Hier gilt, einfach schnell drüber rennen, wenn nichts kommt. Das ist die sicherste Vorgehensweise. Wie in Deutschland sollte man niemals versuchen, auf seinem Recht zu beharren und die anderen aufzufordern, sich an Regeln zu halten.

Damit kommt man nicht schnell an sein Ziel und lebt sehr gefährlich. Ich kaufte mir anfangs ein gebrauchtes Fahrrad, um ins Fitnessstudio zu fahren und schnell durch die Stadt zu kommen. Insgesamt aber wurde mir dreimal mein Fahrrad gestohlen. Beim Radfahren wurde ich zudem mehrere Male von Bussen gerammt, so dass mir sehr oft mein Herz in die Hose rutschte. Imaginär klopfe ich jetzt gerade dreimal auf Holz, weil ich dankbar bin, noch am Leben zu sein. Nein wirklich, es hat zwar sehr viel Spaß gemacht, wie ein Rowdy mit einem Schrottfahrrad durch die Stadt zu düsen, aber Radfahren ist auch wirklich sehr gefährlich und wegen des aufregenden und lautstarken Verkehrs nicht zu unterschätzen. Die bessere Option ist, zu Fuß zu gehen oder mit dem Bus zu fahren. Weil ich auf dem Dorf aufgewachsen bin und in die Schule immer mit dem

Bus fahren musste, hasse ich Bus fahren wirklich sehr und versuche es einfach zu vermeiden. Deswegen ziehe ich das Laufen dem überfüllten Bus vor.

In Tel Aviv passiert es schon mal hin und wieder, dass ein Bus während der Fahrt ein Rad verliert, so auch, als ich mich einmal wegen des strömenden Regens in den Bus gesetzt hatte.

Neben dem Laufen ist das Joggen in Tel Aviv auch sehr berühmt und beliebt. Einmal im Jahr gibt es einen riesigen Marathon durch die Stadt mit zahlreichen Teilnehmern*. Die Stadt bietet mit ihrer wundervollen Wärme und der großartigen Strandpromenade auch beste Voraussetzungen, sich dem Joggen zu widmen. Wie am Strand herrscht auch unter den Läufern* eine große und aufmunternde Loyalität. Man nickt sich zu, schlägt ein und treibt sich gegenseitig im lebendigen Miteinander voran, dabei den Blick immer gen Sonne gerichtet.

Mein Trauma – Alkohol und Drogen

Mit 18 Jahren machte ich mich auf nach Tel Aviv, allein und voller Freude und Neugier auf das Land, die Kultur und das Miteinander. Wie ich oben schon erwähnte, waren wir im Krankenhaus mehrere Freiwillige. Ich stellte mir vor, dass die meisten die gleichen Visionen, Träume und Ziele wie ich von diesem Jahr hätten. Aber in dieser Hinsicht hatte ich mich leider etwas geirrt. Nach ein paar Wochen begannen die ersten ihren Alkoholkonsum zu steigern, Gras als Aufwärmung für Ecstasy oder Pilze zu benutzen, und ich stand plötzlich im Abseits.

In unserer Freiwilligengruppe gab es eine Französin, die alkoholabhängig war und einen Deutschen, der drogenabhängig war. Diese beiden zogen alle anderen in einen erstaunlichen Suchtkreis. Die anderen wollten die Drogen ausprobieren, fingen an, ihre Freiheit unabhängig von ihren Eltern zu genießen und merkten dabei gar nicht, wie sehr sie abdrifteten. Ich merkte, wie ich mich immer weiter von den anderen entfernen musste. Ich war überfordert mit der Situation. Nach der Arbeit wollte ich zum Sport, da fingen die ersten schon mit Trinkspielen auf der Terrasse an. Als ich vom Training nach Hause kam und mir eine schöne Mahlzeit auf unserem goldigen Elektroherd kochen wollte (dauerte mindestens zwei Stunden in der Zubereitung), fand ich in meinem Kühlschrank Pilze und Bier von den anderen. Ich kannte diese Drogen vorher nur aus Rap-Liedern, die ich gerne beim Training hörte. Aber plötzlich wurde das alles schreckliche Realität. Meist ging es abends mit lauten Sauforgien und dem Drogennehmen weiter. Durch unsere Türen konnte ich alles, wirklich jedes einzelne Wort hören und habe seitdem einen sehr nervösen Schlaf entwickelt, gepaart mit einer inneren Angst, weil es auch oft vorkam, dass nachts jemand betrunken oder mit aufgerissen Pupillen in mein Zimmer trat, weil er den Raum verwechselt hatte. Ich sage euch, es war einfach nur schrecklich, tagein und tagaus ging das so. Nach einiger Zeit war ich gefühlt die Einzige, die keine Drogen nahm, aber sich nicht von dem Ganzen distanzieren konnte. Das machte mich zur Außenseiterin. Aber die Position nahm ich sehr gerne in Kauf. Ehrlich gesagt, habe ich es einmal sogar an meinem Geburtstag gewagt, selbst Gras zu rauchen, um herauszufinden, ob sich das Ganze wirklich so gut und so frei anfühlt. Für mich war es die schlimmste Erfahrung. Ich habe nur zweimal an dem Joint gezogen und plötzlich drehte sich alles immer schneller. Von Minute zu Minute verlor ich immer mehr die Kontrolle über meine Gefühle und Gedanken. Ich habe gesehen, wie die anderen redeten, aber ich hörte sie nicht mehr. Ich hatte mich die ganzen Wochen auf mein Geburtstagseis Ben & Jerry‘s gefreut, aber ich kam mit dem Löffel nicht zum Eis, weil mir die Bewegung zu schnell war. Ich bekam plötzlich unglaubliche Angst, nicht mehr zu meinem Bewusstsein zurückzufinden. Mir schoss durch den Kopf: Was, wenn ich durch meinen Konsum meinen Geist nicht mehr würde zurückholen könne? Ich wurde innerlich hektisch und war überfordert. Ich wusste nicht einmal, ob gerade eine Minute oder zwei Stunden vergangen waren. Ich wollte nur noch schlafen in der Hoffnung, dass ich wieder normal aufwachte. Nach zwei Tagen fühlte ich mich zum Glück wieder im Einklang mit Körper und Geist und war mir sicher, nie wieder Drogen oder Alkohol zu mir zu nehmen. Ich bin mir bis heute nicht mal sicher, ob in dem Joint wirklich nur Gras enthalten war. Ich beobachtete die anderen von Tag zu Tag und merkte, wie sie immer weiter abrutschten. Erinnerst du dich noch an die Vorher-Nachher Bilder aus den Biologiebüchern von Drogenabhängigen? Genau so sahen die anderen langsam aus. Sie wurden immer lauter, ungepflegter, ernährten sich ungesund und kamen nicht mehr regelmäßig zur Arbeit. Ich musste teilweise für zwei oder drei arbeiten, weil ich die Patienten* nicht im Stich lassen wollte. Und dennoch konnte ich mich von alldem nicht distanzieren, weil ich sie jede Nacht vor meiner Tür feiern hörte. Das Grölen, das schiefe Singen und Rappen, die lauten Geräusche, der Dreck, all das hat sich tief in mein Bewusstsein eingebrannt. In den letzten zwei Monaten übertrieben es die anderen Freiwilligen immer mehr und für mich wurden die Tage immer unerträglicher. Ich wollte nur noch nach Hause, von meiner Familie in den Arm genommen werden und weit weg von Drogen sein. Ich habe erst zu Hause begriffen, was das Ganze mit mir und meinem Bewusstsein gemacht hat. Wieder zurück in Deutschland brauchte ich erstmal längere Zeit und viele Gespräche mit meiner Mutter, die zum Glück auch Supervisorin ist und dafür ein sehr gutes Gespür hat, um meine Erfahrungen zu durchdenken. Durch die Gespräche konnte ich meine wiederkehrenden Albträume und auch Ängste im Alltag reflektieren und verarbeiten. Ich fühlte mich in meinem Familienkreis und Freundeskreis endlich nicht mehr unnormal und fremd. Vielmehr war ich stolz auf mich, dass ich mich nicht in den Bann hatte hineinziehen lassen. Ich finde es umso schlimmer, dass es so schnell gehen kann. Seitdem habe ich einen anderen, teilweise sehr traumatisierten Blick auf Drogen und den Umgang mit ihnen. Wenn ich nur an das Erlebte denke, bekomme ich sofort eine innere Abwehrhaltung, wenn Menschen anfangen, zu viel Alkohol zu trinken, feiern zu gehen und Drogen auszuprobieren. Ich halte ihre Gegenwart nicht aus. Ich kann nicht in Clubs gehen und mir das Ganze nüchtern anschauen. Innerlich bekomme ich jedes Mal Angst und werde unruhig, wenn ich in solchen Gruppen bin.

In Jena versuchte ich es während meiner ersten Semester ein paar Mal, mit feiern zu gehen. Aber nüchtern war es einfach sehr selten schön.

Mir geht es besser damit, wenn ich mich von alldem distanziere. Ich habe über zwei Jahre gebraucht, um das Ganze zu verstehen. Warum bin ich plötzlich bei dem Thema immer so nervös und unsicher mit mir selbst geworden?

Versteht mich nicht falsch, ich habe kein Problem damit, wenn meine Freunde* ihren Wein genießen oder mal eine Zigarette rauchen. Ich habe nur ein inneres Problem damit, wenn sie anfangen, sich zu betrinken, angeblich aus Genuss, und dann das Verhalten anfängt, zu einer zerstörerischen Sucht zu werden. Ich komme mit den körperlichen Veränderungen der anderen nicht klar, weil ich weiß, was es bedeutet und wohin das Ganze führen kann.

Einsamkeit und Alleinsein

Im Jahr 2020 belegte ich mit meiner Mutter zusammen ein Seminar zum Thema Einsamkeit. Seit meiner Pubertät und meinem ersten Auslandsjahr interessiert mich das Thema sehr, weil ich mich oft und immer wieder damit konfrontiert fühlte und fühle.

Als Jugendliche fing ich bereits damit an, Bücher des Psychologen Irvin D. Yalom zu lesen, der in seiner Psychoanalyse die Konfrontation damit anhand seiner Patienten* näher beleuchtete und sich auch persönlich tiefgründig damit auseinandersetzte. Was er schrieb, saugte ich nur so in mich auf, weil ich mich zwischen den Zeilen verstanden fühlte und mir meine Gefühle plötzlich nicht mehr fremd vorkamen. Das Buch »Und Nietzsche weinte« gehört zu meinen absoluten Lieblingen und ich kann es hier an dieser Stelle nur weiterempfehlen.

Nach dem Drogentrauma und dem Jahr allein im Ausland habe ich sehr gut gelernt, mit mir selbst zurechtzukommen und mich besser zu verstehen. Aber ein Seminar mit diesem Thema konnten meine Mutter und ich nicht ablehnen. Wir nutzen gerne solche Wochenenden, um uns gemeinsam auszutauschen und dazuzulernen.

Das Seminar beleuchtete die verschiedenen Formen des Phänomens Einsamkeit, die man erst einmal in drei verschiedene Aspekte unterscheiden muss, in das Thema Einsamkeit, soziale Isolation und in Allein sein. Denn Einsamkeit ist kein Synonym für »allein sein« oder »sich allein fühlen«. Einsamkeit sollte auch niemals zwingend negativ betrachtet werden. Es ist existenziell wichtig, allein, für sich sein zu können. Und sich immer wieder aufmerksam auf sich selbst zu berufen. Im Umgang mit Einsamkeit ist es wichtig, sie als Teil der eigenen Seele zu erkennen und sich immer wieder bewusst mit ihr zu konfrontieren. Denn Einsamkeit stellt auch eine bedeutende Lebensprüfung dar. Ich kenne viele Menschen, die immer wieder der Einsamkeit entfliehen wollen und nicht allein sein können. Sie haben Angst vor der Zeit mit sich selbst und verabreden sich stattdessen immer wieder mit anderen Menschen und versuchen keine großen Lücken in den Tagen zu haben, um nicht auf sich selbst zurückgeworfen zu sein. Diese Vermeidungsstrategie geht aber meist nur für eine kurze Zeit gut, denn früher oder später muss man allein sein können und darf sein Glück und seinen Lebenssinn nicht von Mitmenschen abhängig machen. Einsamkeit nicht aushalten zu können, ist nicht nur ein absoluter Beziehungskiller, sondern das Aushalten ist auch wichtig, um eigenes Glück zu erfahren. Einsamkeit bietet auch eine wesentliche Grundlage für unsere Kreativität. Die Seele braucht Momente der Askese und Reinigung, in denen sie sich sammeln und regenerieren kann. Die besten Ideen kommen mir meist beim Training, wenn ich allein mit mir selbst bin.

Ich brauche meist ein paar Trainingssätze, um die Ebene der wandelnden Gedanken zu erreichen.

Dann scheinen sich die Gedanken von selbst zu bewegen und mein Kopf ist nicht mehr mit Alltagsproblemen belastet. Genau das Gleiche wollten auch die Mönche und Nonnen mit ihrem Konzept des *ora et labora – bete und arbeite* erreichen. Durch diese Tätigkeiten kann sich die Seele beruhigen, Gehirnströme können meditativ fließen und das

Denken neue Dimensionen erreichen. Aber wir müssen in diesen Momenten mit uns allein sein. Es fällt nicht immer leicht, die plötzliche Stille auszuhalten und sich mit sich selbst auseinanderzusetzen. Aber es ist existenziell wichtig, um eigene Stärken und Schwächen zu erkennen, Gedanken zu verarbeiten und eigene Dämonen zu besiegen. Allein Sein ist keine Schwäche. Ich würde behaupten, es ist eine entscheidende Stärke. Denn wer sich selbst besser kennenlernt und nicht immer abhängig von Mitmenschen ist, agiert auf eine andere Weise. Wir werden unabhängiger und lernen uns selbst glücklicher zu machen. Wir lernen, was wir brauchen, und zugleich, was wir vermeiden sollten. Denkt an all eure großen Vorbilder und Künstler*, sie hätten ihre Werke niemals erschaffen können, wenn sie immer in Gesellschaft gewesen wären. Der Reformator Martin Luther skizzierte seine Einsamkeit deutlich, in dem er allein die Bibel im Turm der Wartburg übersetzte. Denn um uns verbessern zu können und Qualitäten zu verfeinern, müssen wir uns isolieren. Martin Luther fiel es sicherlich nicht leicht, fernab von seiner Frau und seinen Kindern das Neue Testament zu übersetzen. Aber er wusste, dass er diese Isolation und Einsamkeit brauchte, um diese große Tat in so kurzer Zeit vollbringen zu können.

Ohne Ablenkung und äußeren Unruhen, die wir aus unserem schnelllebigen Alltag nur zu gut kennen. Er besiegte seine negativen Gefühle, kämpfte dauerhaft mit inneren Unruhen und Magenproblemen und schaffte zugleich oder dadurch das unglaubliche Werk, in nur 12 Wochen das Neue Testament aus dem Altgriechischen in die deutsche Sprache zu übersetzen.

Die Gefühle der Einsamkeit und des Alleinseins sind ein immerwährender Prozess und verlangen immer wieder neue Aufmerksamkeit und Zeit. Mal bin ich zufriedener mit mir, mal weniger. Das ist völlig normal und menschlich. Aber ich fürchte mich nicht vor meinem eigenen Ich, sondern versuche, es zu verstehen. Und einen weisen Rat möchte ich noch an den Schluss dieses Kapitels setzen: Mein Vater sagte einmal zu mir: »Valli, wenn du immer mit deiner besten Freundin abhängst oder dich in einer Gruppe aufhältst, wird dich nie jemand Fremdes ansprechen.« Deswegen ist es umso wichtiger, auch einmal allein irgendwo zu stehen oder zu sitzen. Dadurch wirkt man für Mitmenschen offener und zugänglicher, und lernt auf eine neue Weise zu interagieren. Also hab keine Angst davor, allein loszuziehen oder in Minuten des Wartens die kreativen Gedanken nicht mit dem Handy zu ersticken, sondern einfach zu warten und die wundervollen Gedanken kreisen zu lassen. Wag dich auf die neuen Wege zwischen Einsamkeit und sozialem Umfeld.

Gewohnheit und Routinen

Wie so oft im Leben ist es wichtig, zwischen Gegensätzen Balance zu halten. Denn zum gerade Beschriebenem bin ich mir und dir noch eine Ergänzung schuldig. Zu viel Alleinsein und Einsamkeit tun der Seele leider allerdings wiederum auch nicht gut. Jede und jeder von uns hat eigene Routinen, die wir für unseren Rückhalt und im lebendigen Alltag brauchen. Aber wenn wir unsere Gewohnheiten und Routinen Tag für Tag allein ausüben, werden wir merkwürdig. Wir verlernen sehr schnell, auf unsere Mitmenschen zu achten und einen Konsens mit anderen zu bilden. Wir beharren immer mehr auf unser eigenes Recht und verlernen dabei die Leichtigkeit im Leben. Ich habe das in meiner Bodybuilding Test Diät bemerkt. Ich hatte meine immer gleichen Mahlzeiten, die jeden Tag vorgekocht und abgewogen wurden. Ich hatte mein Training und mich selbst. Alles war geplant und vorausschaubar. Aber dabei bemerkte ich nicht, dass ich mich selbst immer weiter ins Abseits begab. Ich wollte nicht mehr mit Freunden essen gehen oder zu irgendwelchen Veranstaltungen, weil ich mich ohne die festen Gewohnheiten und die Kontrolle nicht mehr sicher fühlte. Ich wusste nicht, was auf mich zukommen würde und entwickelte Ängste. Ich wollte immer alles planen und verlor dabei die Spontanität. Dabei ist es im Leben so wichtig, auch einmal für Momente Spontanität zu wagen und sich dem Augenblick hinzugeben, sonst explodiert irgendwann der Kopf und man wird immer emotionsloser. In dieser Zeit entwickelte ich auch eine Essstörung. Das wurde mir bewusst, als ich in Israel in der Wüste meinen vergammelten Brokkoli aß, weil Brokkoli auf dem Plan stand und ich von diesem nicht abweichen konnte. Durch das ständige, sich eisern an Pläne halten, verpasste ich die Lebensfreude und wurde immer zwanghafter. Ich brauchte sehr lang, um all das zu reflektieren und mich wieder lockerer zu machen. Erneut lernte ich, meine Gewohnheiten auch zu hinterfragen und sie zu reflektieren, wenn ich mit anderen unterwegs war. Schritt für Schritt wagte ich mich wieder an das »normale Essen« heran, ging wieder in Restaurants und lernte mein Hungergefühl neu kennen. Ich musste lernen, dass Essen nicht dick macht. Es kommt darauf an, was man auf die Summe am Tag isst. Das Leben ist einfach zu kurz und zu schön, um immer auf leckere Gerichte zu verzichten. In meinen Trainingsintervallen sage ich immer wieder: »Balance ist alles.« Wenn du dir immer deine Pizza oder deine Schokolade verbietest, wirst du irgendwann vor einem Ausfall des Gehirns stehen. Dann kommt der Fressflash, und die Hormone im Körper sind mit allem überfordert.

Seitdem ich mit mehr Lockerheit und Balance esse, habe ich übrigens eine viel bessere Ästhetik und Form als zuvor. Wenn ich mir zu lange Süßigkeiten oder eine kleine süße Freundlichkeit verbiete, startet mein Gehirn sogenannte *Cravings*. Ich kann nur noch an den Zucker denken. Beim Essen kommt mein Körper mit der Zucker-Droge nicht mehr zurecht und ich übertreibe es zu schnell. Deswegen erlaube ich mir lieber jeden Tag eine kleine süße Motivation und dafür freie Gedanken und keine Rückfälle. Aber auch hier muss jeder und jede seinen oder ihren eigenen Umgang damit finden. Denn auch der Körper arbeitet niemals linear. Ich las einmal von einem Experiment, in dem zwei Gruppen auf Diät gesetzt wurden. Die eine Gruppe hielt sich strikt an einen Ernährungsplan und war dadurch nach zwei Wochen schon sehr gestresst. Durch den Stress verloren die Probanden auch kein Gewicht mehr, weil der Körper wieder automatisch das Fett speicherte. Hinzu kam, dass sie ihren strikten Plan nicht lange durchhielten, weil er nicht gut in ihren Alltag passte. Die zweite Gruppe durfte sich flexibler ernähren und auch die Bedarfskalorien mit einer gelegentlichen Belohnung füllen. Na, ratet mal, wer am Ende erfolgreicher war? Gewohnheiten werden auch erst bewusst, wenn man einmal den Schritt in andere Länder wagt. Nur so kann man eigene Routinen bemerken und auch hinterfragen. Ich merkte das auch deutlich in meinem Auslandsjahr. Ich lernte plötzlich, mit sehr wenig klarzukommen und wusste danach Komfort zu schätzen. Ich wusste, wie wertvoll eine heiße Dusche ist, eine funktionale Küche oder eine Toilette. Durch meine radikalen Situationen lernte ich, dass das Lebensglück nicht von Komfort oder Sicherheit abhängt. Denn wie mit dem Essen, muss man sich auch entsichern. Ich wurde kreativ, freute mich mehr an kleinen Dingen und weitete meinen Blick. Ich nahm meine Umgebung und auch die Schätze der Natur ganz anders wahr. Weil ich nicht mehr abgelenkt von Komfort und Oberflächlichkeit war. Es ist ein sehr spannender und zugleich auch sehr schwieriger Prozess. Denn die Parole »Raus aus der Komfortzone!« klingt zwar sexy, ist aber zugleich auch sehr anstrengend. Aber es lohnt sich.

Es lohnt sich, seinen Stammplatz in der Kirche zu wechseln. Es lohnt sich, einen anderen Rückweg zu laufen, auch wenn man sich verläuft. Es lohnt sich, ein neues Essen auszuprobieren. Es lohnt sich, zelten zu gehen statt der bequemen Übernachtung in einem Hotel. Nur so können wir unseren Blick weiten und das facettenreiche Leben erkennen.

Sonst bleiben wir auf der Stelle stehen und werden auch für unsere Mitmenschen immer anstrengender. Durch meine erlernte Spontanität und verminderte Angst vor ungeplanten Geschehnissen erlebte ich deutlich mehr. Spontan buchte ich zum Beispiel in meinem Auslandsjahr einen Flug nach Buenos Aires zu meiner besten Freundin Hanni, weil es ihr nicht gut ging, und weil ich auch wissen wollte, wie sie in ihrem Auslandsjahr so lebte. Es waren wundervolle 10 Tage mit unvergesslichen Erlebnissen. Und ich kann nicht ohne Stolz behaupten, dass ich allein und spontan um die halbe Welt zu dir, Hanni, geflogen bin. Oder eine polnische Freiwillige fragte mich, ob ich spontan für das Wochenende mit ihrem mexikanischen Partner und einer vietnamesischen Freundin mit in die Wüste kommen wolle. »Ja klar«, sagte ich. Dabei hatte ich keine Ahnung, wie heiß es in der Wüste war, und ich ging komplett unvorbereitet mit langer Hose und keinem Essen im Rucksack mit. Ich hatte zwar etwas Sonnenbrand, Hunger und schwitzte ziemlich, aber es war ein lustiger und abenteuerlicher Trip. Übrigens habe ich dank der vietnamesischen Freundin auch 1000 Bilder von dem Wochenende. Ja, es ist kein Mythos, dass sie überall und ständig Bilder machen und alles mit der Kamera festhalten wollen.

Umgang mit Ängsten und Aggressionen

Kennt ihr die Sätze wie »Wer schreit, denkt nicht mehr nach?« oder »Wut ist versteckte Trauer?« Die Emotionen Angst und Wut sowie die damit verbundenen Aggressionen gehören zu unserem Leben dazu. Bei dem einen sind sie ausgeprägter als bei einem anderen.

Tag für Tag schleppen wir verschiedene Ängste mit uns herum, die uns bis in die Träume verfolgen und zu schlechtem Schlaf, nervösem Magen oder länger anhaltenden Kopfschmerzen führen können. Warum lassen wir Verletzlichkeit so selten zu? Kaum jemand von uns zeigt gerne Schwäche oder redet offen über Ängste. Ich glaube, das größte Problem dabei ist, dass jede* denkt, nur er oder sie schleppt diese Emotionen mit sich herum. Nein, wir sitzen alle im selben Boot und kennen diese Gefühle. Es ist so wichtig, Schmerz, Trauer, Tränen und Ängste zuzulassen und sich von Sätzen wie »Ein* Indianer* kennt keinen Schmerz« zu verabschieden. Um über die Gefühle reden zu können, muss man sie ins Herz lassen.

Tränen reinigen die Seele.

Erst dann können wir Strategien entwickeln, um mit negativen Gefühlen umzugehen.

Für mich selbst habe ich verschiedene Konzepte entwickelt und auch länger gebraucht, um mir selbst die Vulnerabilität einzugestehen. Denn gerade im Leistungssport sind Schmerzen nicht erlaubt und gelten als Schwäche.

In meiner Kindheit hatte ich mit sehr vielen 5 Minuten zu kämpfen. Ich war ein liebevolles, hilfsbereites und lächelndes Kind, aber ich hatte und habe auch eine unbändige Wutseite in mir. Die kann ich mal besser und mal schlechter kontrollieren. Sie ist wie ein böser* Teufel*, der oder die herauskommen will. Wenn ich sie herauslasse, bin ich wie von allen guten Geistern verlassen und erkenne mich dann manchmal selbst nicht mehr wieder. Wenn ich als Kind wütend war, schickte meine Mutter mich immer in den Keller, ich solle meine bösen Worte und Aggressionen in die große Tiefkühltruhe hineinschreien.

Ich durfte auch erst wieder hochkommen, wenn ich es geschafft hatte. Was glaubt ihr, wie gut das tat? Da unten hörte mich keiner*, und ich habe geschrien, geweint und auf diese Weise erstmal alles verarbeiten können, ohne dass ich jemanden verletzte oder ungewollte Wörter an den Kopf warf. Meist kam ich grinsend mit einer Pizza in der Hand die Treppe wieder herauf und hatte schon vergessen, warum ich eigentlich unten gewesen war.

Manchmal vermisse ich die große Tiefkühltruhe sehr!

Was früher die Truhe und der Keller waren, ist heute der Sport für mich. Am Eisen und am Boxsack kann ich all meine Gefühle herauslassen, zu mir selbst finden, meine Seele beruhigen und Emotionen verarbeiten. Es ist eine Mischung aus einer zugleich wütenden und glücklich machenden Euphorie. Ich empfehle jedem und jeder Einzelnen, eine Möglichkeit für sich zu finden, Gefühle zu verarbeiten. Denn durch unsere gefüllten Tage sind wir reizüberflutet und müssen unsere Seele besänftigen. Oft kommt noch hinzu, dass wir im Arbeitsleben unsere Masken aufsetzen und uns verstellen müssen. Das alles sind Gefühle, die sich anbahnen und irgendwann raus müssen. Manchmal tut es auch sehr gut, in den Wald zu laufen, über Wurzeln zu springen, etwas zu rufen und sich am Echo zu erfreuen, die Freude an der Natur in sich aufzunehmen. Kannst du dich erinnern? Als Kinder haben wir es jeden Tag gemacht! Irgendwann kam der Wendepunkt, wo wir den Sinn für Kleinigkeiten und Feinheiten vergaßen und uns mehr um unsere Fassade kümmerten. Aber wie so oft im Leben, kommt alles wieder zurück. Wir müssen nur den Schritt wagen. Tanzen gehen, laufen, rennen, schreien, singen, alles Dinge, bei denen sich die Anspannung im Körper auflöst und wir unsere Seele berühren.

Ein weiterer Ansatz, den ich mir im Ausland beibrachte, war der Umgang mit den Gedanken. Ich neigte sehr dazu, aus einer Mücke einen Elefanten zu machen, und verschlimmerte damit viele Dinge, die noch nicht einmal passiert waren. In meinem Kopf überhäuften sich die Gedanken und Szenarien. Nach wenigen Minuten wusste ich, dass ich nicht nur große Angst vor dem bevorstehenden Ereignis hatte, sondern meinte auch, dass es sehr schlimm werden würde. Weißt du, was so amüsant dabei ist? Es sind nur Gedanken! Gedanken, die noch nicht einmal stattgefunden haben. Gedanken, die sich gegenseitig aufbauen und dabei immer schlimmer werden. Dann hilft es mir oft, mich zu besinnen, und mir wirklich bewusst zu werden, dass es erstmal nur Gedanken sind und ich die Macht habe, sie in eine andere Richtung zu lenken. Bevor ich mich in ungeschehene, negative Gefühle hineinsteigere, versuche ich locker zu bleiben. Meine Gedanken zu hinterfragen und mich dabei nicht zu verlaufen.

Der Comedy-Star Felix Lobrecht sagte einmal: »Dein negativer Gedanke ist wie, wenn du dir vorstellst, dass ein Elefant pink ist. Es stimmt nicht, ist absurd und es ist erstmal nur ein Gedanke.«

Körperlichkeit

Jede und jeder von uns besitzt einen Körper, mit dem wir in unserer Umwelt agieren.

Mit Hilfe unseres Körpers können wir Sinneseindrücke aufnehmen und unsere Erfahrungen weitergeben, unsere Welt bebauen, abreißen, Kunst und Kultur schaffen. Wir sind Körper.

Wir wissen unsere Sinne und Fähigkeiten manchmal erst richtig zu schätzen und einzuschätzen, wenn wir sie verloren haben. Seitdem ich mir einmal das Kreuzband und den Meniskus gerissen hatte, wusste ich mit einem Mal, wie wertvoll es ist, selbstständig laufen zu können und damit auch selbstständig sein zu können. Mit Gips war ich plötzlich abhängig.

Oder denken wir an eine Erkältung. Wenn uns eine Grippe befällt, fühlen wir uns dem Sterben nahe und werden sehr bedürftig. Wir können auch einen Schritt weiter gehen. Eine bleibende körperliche Beeinträchtigung, durch einen Unfall oder genetisch bedingt. Sind wir dann weniger Mensch, weil wir weniger Körper sind? Nein, keineswegs. Der Theologe und Kabarettist Rainer Schmidt ist schon sein Leben lang körperlich beeinträchtigt, wirkt aber trotzdem lebendiger als manch anderer auf zwei gesunden Beinen. Auch für ihn ist es ein täglicher Prozess, aber er hat gelernt mit dieser Beeinträchtigung umzugehen, die Wunder des Lebens zu schätzen und dankbar zu sein. Er beschäftigt sich mit der Thematik: »Wir haben nicht nur einen Körper, wir sind Körper.« Es ist zwar sehr schwer, wenn nicht jede körperliche Tätigkeit wie von allein funktioniert, aber man lernt daraus und entwickelt neue Strategien.

Ich muss ehrlich gestehen, dass ich Menschen wie ihn sehr bewundere. Für mich würde meine sportliche Welt zusammenbrechen, wenn ich plötzlich derartig beeinträchtigt wäre.

Schon während meines Kreuzbandrisses nagte eine Depression an mir, weil ich mich kaum bewegen konnte und plötzlich abhängiger war, als ich sein wollte.

Aber wie gehen wir eigentlich mit unserer Körperlichkeit um? Wie genau nehmen wir unseren Körper in der Umwelt wahr?

Mein Sinn für Körperlichkeit wurde intensiver, seitdem ich Kraftsport und Fitness betreibe.

Ich spüre sensibler einzelne Muskeln und Bewegungen und kann mit meinen Sinnen meine körperlichen Fähigkeiten vorantreiben und immer wieder Grenzen durchbrechen. Ich habe meinen Körper mit Hilfe des Sports und meiner Ernährung grundlegend verändert und agiere im Alltag sehr körperlich. Ich bewege mich bewusster durch die Straßen, habe eine bessere Haltung, einen beweglicheren und schnelleren Schritt und fühle mich beim Treppensteigen wie ein junges Reh. Körperlichkeit prägt unsere Interaktionen. Wenn wir miteinander kommunizieren, passiert das sowohl verbal als auch nonverbal, von den Augen bis zu den Füßen. Wie begegnen wir einander? Nehmen wir intensiven Augenkontakt während des Sprechens auf? Sitzen wir mit einer verschränkten Haltung in einem Gespräch oder sind wir offen und konzentriert? Wir verhalten uns mit unserem Körper, deswegen sind wir Menschen leidens- und liebesfähig. Je wohler ich mich in meinem Körper fühlte, desto offener und intensiver agiere ich im Miteinander. Allein die körperliche und selbstbewusste Präsenz lässt mich ganz anders als zuvor wirken. In meiner Jugend plagten mich sehr viele Selbstzweifel und ich fühlte mich in meinem Körper nicht wohl. Viele werden das Gefühl kennen. Es ist einfach unbarmherzig und verfolgt einen. Ich fühlte mich unwohl, wenn ich irgendwo saß, aß, schlief oder kommunizierte. Immer wieder erwischte ich mich dabei, dass ich etwas auf Bildern verstecken wollte. Es brauchte sehr viel Zeit und Reflexion, um meine Körperlichkeit wahrzunehmen und dankbarer mit ihr umzugehen. Mein Vater sagte in meiner Jugend immer zu mir: »Du liebst deinen Körper nicht!« Das war die Zeit, in der ich strikte Diäten ausprobierte, krankhafte Routinen verfolgte wie beispielsweise, mich der Askese hinzugeben oder auch stark erkältet zum Sport zu gehen, weil ich Angst vor Rückschritt hatte.

Das alles ist so paradox.

Ich wollte meine Körperlichkeit ausbilden, verlernte aber dabei, auf meine innere Stimme zu hören. Mittlerweile hat sich das nach vielen Jahren gebessert: Ich verbiete mir kein Essen mehr, versuche die Balance zu halten und gehe auch nicht mehr krank zum Sport. Ich bin nun schlauer als vorher, und weiß, wenn und wann mein Körper eine Pause braucht, dass ich sie ihm dann gönnen muss. Sonst kommt alles dreifach zurück. Aus einem Schnupfen wird eine Lungenentzündung und aus einer Knieüberlastung ein Meniskusanriss und so weiter. Körperlichkeit ist ein lebenslanger Prozess. Wir fühlen unsere Körper immer wieder neu und anders. Das ist auch stark abhängig von unserem Lebensalter und von gemachten Erfahrungen. Der Körper ist ein Wunderwerk aus Hormonen und Gefühlen.

Verliebt hat eine Erkältung keine Chance und in stressigen Dauerzuständen werden wir oft krank und anfälliger für Viren.

Wir können durch die Kraft unseres Geistes unsere Körper formen und bewusster mit körpereigenen Gefühlen und Drogen umgehen. Seitdem ich im Ausland war, merkte ich auch, dass sich mein Bewusstsein für Körperlichkeit verstärkte. Aufgrund mangelnden Komforts, fehlender Routinen und Gewohnheiten hatte ich nur noch die Sicherheit meines Körpers.

Ich spürte ihn intensiver, kümmerte mich mehr um Körper und Geist, und merkte, wie mich meine Körperlichkeit vor all den Veränderungen und neuen Dingen schützen konnte.

Diese Erkenntnis wirkte wie ein Schutzpanzer für Körper und Geist. Ich fühlte mich sicherer, wenn Israelis in fremder Sprache auf mich einredeten oder ich mich in einer fremden Sprache beispielsweise in der Uni einschreiben musste. Die Körperlichkeit beschützte mich und gab mir Sicherheit. Die Philosophin Marion Young schrieb das Buch »Werfen wir ein Mädchen«.

Darin beschäftigte sie sich mit der Körperlichkeit von Frauen und auch Männern. Durch unsere Prägungen in der Kindheit und auf der Grundlage von Erlebnissen versucht sie zu beschreiben, warum sich Männer auf eine besondere Weise im Alltag bewegen und auch Frauen auf eine andere. Achtung, bevor ich Kritik ernte. Bei diesen Beispielen brechen wir das Ganze erst einmal auf eine einfache Darstellung herunter und gehen nicht auf spezielle Fälle ein, um uns primär erst einmal eine Basis zu erarbeiten. Wie der Titel schon sagte, fängt es bei einfacheren Dingen wie beispielsweise dem Werfen an. Ich kenne viele

Mädchen aus meiner damaligen Klasse, die einfach nicht werfen konnten. Egal, wie sehr sie sich bemühten, der Ball landete nicht weit. Im Gegensatz dazu konnten viele Jungs sehr weit werfen. Sie benutzten vollen Körpereinsatz und viel Anlauf und waren sehr raumeinnehmend. Die meisten Mädchen hingegen benahmen sich eher schüchtern, eingenommen und in sich gekehrt. Vom Werfen aus beobachten wir die Verhaltensweise weiter in einem Zug. Frauen sitzen sehr verschränkt und klein da, um jemand anderem so wenig Platz wie möglich wegzunehmen. Männer sitzen meist breitbeinig da und wirken dadurch unantastbarer.

Es ist sehr spannend zu beobachten, achte das nächste Mal darauf.

Auch auf der Straße wirkt Youngs Theorie sehr präsent. Viele Frauen weichen sofort aus, schauen aufmerksam nach vorn und nach hinten, während andere den Fußweg oder die Straße für sich beanspruchen. Diese Phänomene sind interessanterweise auch kulturell abhängig und daher verschieden. Deswegen würde ich primär nicht den Weg der Geschlechtertrennung gehen, sondern den der Bildung und der Kultur. Sogar die Stimmbildung ist kulturell geprägt.

Italiener* und Israelis sind dominant, auf der Straße lassen sie mich nicht vorbei oder bleiben an nervigen Stellen im Weg stehen. Sie gestikulieren wild, sind raumeinnehmend und mit ihrer Körpersprache sehr präsent. Da wirkt es so, als hätten sie alle den Ball beim Weitwurf in die Weite katapultiert. Im Gegensatz dazu bin ich als Deutsche sehr vorsichtig, achte mehr auf Gebote und Verbote und versuche mich an (Straßen-)Regeln zu halten. Aber auch diese Eigenart habe ich im Ausland immer weiter hinter mir gelassen, weil ich sonst einfach nicht vorangekommen wäre. Bevor ich im Ausland war, habe ich auch nicht so sehr mit meiner Körpersprache kommuniziert. Das hat sich verändert. Ich komme mehr aus mir heraus, benutze meine Hände und agiere bewusster und aktiver. Körperlichkeit verändert sich je nach Land und Kultur.

Denn vor der Kultur waren nur wir mit unseren verschiedenen Körpern da.

Ich freue mich, dass sich der gegenwärtige Körpertrend mehr auf Kurven, Realität und Verschiedenheit hinbewegt. Durch verschieden große, kleine, dicke und dünne Models bemerken wir, dass wir nicht auf eine Körpergröße, ein bestimmtes Maß oder ein Gewicht reduziert werden, auch wenn wir selbst oft unsere Körperlichkeit auf unser Aussehen reduzieren. Der neue Blick appelliert an Vielfalt und Wohlfühlen. Das macht es vielleicht einfacherer, die eigene Körperlichkeit besser wahrzunehmen, uneingeschränkt von vorgeschriebenen perfekten Maßen. Aber im Endeffekt muss jede und jeder für sich den eigenen Körper bewusst wahrnehmen und mit ihm leben. Das Bewusstsein für Körperlichkeit kann keine* dem oder der anderen abnehmen oder vorschreiben. Wir sind alle selbst dafür verantwortlich, was wir mit unseren Körpern und aus unseren Umständen machen.

Yad Vashem

»Denen will ich in meinem Haus und in meinen Mauern ein Denkmal und einen Namen geben; das ist besser als Söhne und Töchter...« (Jesaja 56,5).

Aus diesem Bibelvers im Alten Testament entstand der Name Yad Vashem, der sich aus den Worten Erinnerung und Namen zusammensetzt. Yad Vashem ist eine Gedenkstätte für den Holocaust und deren Opfer. Sie liegt in der Nähe von Jerusalem und wurde 1953 eröffnet.[2]

Ich war schon in sehr vielen Erinnerungsstätten, Museen und an Orten, aber diesen Ort möchte ich dir ans Herz legen. Er besteht aus mehreren Komplexen, Wegen und Einheiten.

Wenn man da ist, merkt man nicht, wie schnell die Zeit vergeht, weil man auf den Wegen der Erinnerung und des Schreckens entlanggeht und in deren Gedankenwelt eintaucht. Schritt für Schritt verstand ich dort plötzlich, was der Holocaust wirklich angerichtet hat, auch wenn ich mir nur ansatzweise vorzustellen vermag, wie viel Leiden und Schmerzen er verursacht hat.

Ich gehe zuerst durch einen dunklen Raum auf einem kurvigen Weg, ich kann nur schlecht erkennen, wohin ich trete, und fühle mich unsicher. Dann nehme ich verschiedene Lichter wahr, die durch einige Kerzen erzeugt und durch Spiegel immer wieder reflektiert und verdoppelt werden. Ich sehe die vielen Lichter und höre im Hintergrund eine Stimme, die die Namen der Getöteten und deren Todestag nennt. Ganz streng und monoton.

Obwohl nicht ich es bin, die getötet, gemordet und ausgelöscht hat, fühle ich mich schuldig und bin zutiefst bewegt.

Als ich bei meinem Besuch in Yad Vashem diese Eindrücke erlebte, entwickelte ich ein Gefühl für die Gedächtnisstätte. Es gab auch noch mehrere Räume mit anderen Vorstellungen, was damals alles passiert ist. Alles war sehr übersichtlich und gut gestaltet, auch so, dass sich jede und jeder die Zeit für die eigene Empfindung nehmen konnte.

Ich empfehle Yad Vashem, weil es immer wichtiger wird, die Erinnerungen aufrecht zu erhalten. Gerade in diesem Zeitalter, in dem es immer weniger Zeitzeugen gibt.

Wir müssen aus Vergangenem lernen und uns damit auseinandersetzen. Nicht um unsere »deutsche Schuld« weiter durch die Generationen zu tragen, sondern um das Geschehen nicht zu vergessen, damit umgehen zu lernen. Was bedeutet das für unsere zukünftigen Handlungen? Wie stehen wir dem jüdischen Volk gegenüber und warum empfinden wir solchen Hass, der dann zu solchen Ausmaßen führt.

Oft sage ich im Alltag, ich hasse das oder ich hasse ihn oder sie. Aber ich finde das Wort hassen noch schlimmer, als wenn ich sage, dass ich Person X, Y schei*e finde.

Hassen löst in uns eine negative Energie aus, die immer schneller und intensiver voranschreiten kann. Hass kann so viel Energie aufbauen, dass die Liebe darüber vergessen wird.

Wir sollten unseren Hass öfter reflektieren und hinterfragen. Woher kommen die Aggressionen und all die Wut? Liegt es vielleicht an mir selbst? Im Endeffekt ist es mein Gefühl und die Person nur der Auslöser für etwas, das in mir schlummert.

Meine Mutter, die eine Ausbildung zur Supervisorin machte, sagte mir einmal, dass, wenn ich mich zu Unrecht behandelt fühle und versuche das meinem Gegenüber zu kommunizieren, es entscheidend ist, wie ich es sage. Dabei hilft es mir oft, die richtigen Worte zu finden, vom eigenen Standpunkt auszugehen. Zum Beispiel: ICH fühle, dass du dich gerade veränderst und deine Wut an mir auslässt. Anstelle von »DU lässt deine Wut an mir aus« kann ich sagen »ICH fühle mich einsam und allein gelassen.«

Für die zwischenmenschlichen Beziehungen und eine gute Kommunikation miteinander ist es wichtig, die eigenen Gefühle auszudrücken und zu erklären. Sonst weiß keine*, warum man gerade so denkt und handelt. Auch wenn es oft schwer ist und man eigene Hemmschwellen überwinden muss, um über Gefühle zu reden. Aber sie nicht zu verschweigen, ist für einen selbst unglaublich wichtig, weil man damit für die innere Harmonie sorgt. Es ist nur eine Frage der Zeit, bis die Emotionen überschwappen und wir eine Energie wie Wut entwickeln.

Auch weil man sich gleichzeitig über sich selbst ärgert.

Ihr kennt es bestimmt: Ihr steht zu spät auf, seid gestresst und werdet noch von eurem Freund oder eurer Freundin angerufen, dabei vergesst ihr zuhause etwas Wichtiges und gebt dann eurem Partner oder eurer Partnerin die Schuld dafür. Nein, die anbahnende Wut entstand beim zu späten Aufstehen, nicht weil der Partner oder die Partnerin angerufen hat. Aber so oft im Leben projizieren wir Ereignisse auf andere Menschen, weil sie gerade ein Ventil für unsere Wut sind. Wir sollten unsere Ventile woanders suchen. In der Zeit, in der wir mit uns selbst sind und reflektieren, Sport treiben, in die Natur gehen.

Kommunikation und Reflexion sind wichtig mit Blick auf die Vergangenheit und die Gegenwart. Deswegen sollte man am besten nicht allein nach Yad Vashem gehen, sondern immer mit jemand anderem. Um über die Gefühle und Auslöser der Emotionen zu reden, um sie nicht zu unterdrücken, sondern um zu lernen, sie zu verstehen. Dazu fällt mir noch eine andere interessante Sache am Schluss dieses Kapitels ein, die zwar nur so halb zu dem Thema passt, die ich aber mit dir teilen möchte. Der jüdische Psychotherapeut und Autor, Irvin D. Yalom schrieb ein Buch über das Leben und den Tod.

Er schrieb das Buch mit seiner Frau zusammen, die wusste, dass sie bald sterben würde.

Die beiden waren über 70 Jahre verheiratet, als er plötzlich feststellte, wie viel Angst er vor dem Tod und der Einsamkeit hatte, weil er sonst immer alle Momente mit seiner Frau geteilt hatte und das Leben mit ihr unendlich liebte. Nach ihrem Tod bekam er immer wieder sexuelle Erregungen bei anderen Frauen. Er fühlte sich schlecht, weil er dachte, seine geliebte Frau zu hintergehen, aber gleichzeitig diese Gedanken und Erregungen nicht aufhalten konnte.

Also beschloss er in der Literatur nach dem Problem zu suchen. Er beauftragte sogar Freunde* von ihm, etwas über das Thema Trauer und Sexualität herauszufinden. Aber es gab keine Literatur dazu und keine Hinweise auf diese Problematik. Erst, als er seine alten Protokolle von Sitzungen durchging, fiel ihm auf, dass viele Trauernde von dieser Problematik berichteten.

Da erst fühlte er sich erlöst und nicht mehr allein mit seinem Problem. Das Fehlen von Literatur kommt daher, weil keiner aus Scham und Angst darüber reden möchte. Alle fühlten sich ihren Partnern* gegenüber schlecht. Ist das nicht interessant? So oft denken wir, dass nur wir mit der Angst oder mit dem Problem kämpfen müssen, aber oft geht es auch anderen so. Wir trauen uns nur oft nicht, aus Scham, Stolz und der Angst vor Vulnerabilität darüber zu reden.

Meine persönliche innere Angst und Scham habe ich auch im Ausland entwickelt, und zwar immer, wenn ich mich unter Druck gesetzt fühlte und nicht wusste, was als Nächstes passierte. Ich entwickelte einen sehr nervösen Magen und musste dann immer auf die Toilette. Nach der indischen Tradition liegt das Urvertrauen im Bauchnabel.

Immer wenn ich Angst habe oder mich unsicher fühle, verliere ich mein Urvertrauen.

Manchmal kommt wortwörtlich die ganze schei* Angst aus mir heraus und ich habe gleichzeitig noch mehr Angst, nicht mehr von der Toilette herunterzukommen. Aber was soll ich dagegen tun? Ich habe mich schon durch homöopathische Mittel hindurchprobiert und bin immer wieder verzweifelt auf der Toilette gelandet. Ja, ich weiß, dass ist meine Macke – was ist deine? Ich glaube, jeder* von uns hat in sich so eine Macke, die er oder sie nur schwer bändigen kann. Mein Freund sagt immer, ich muss mich der Angst stellen und nicht auf die Toilette gehen. Ich muss mich ablenken, der pinke Elefant spielt sich nur in meinem Kopf ab.

Es funktioniert wirklich. Wenn ich mich dann der Angst gestellt habe, muss ich wirklich nicht mehr. Es ist so merkwürdig und unangenehm, dass mein Adrenalin in den Bauch wandert.

Aber da habe ich es noch besser als mein Opa, weil der sich in solchen Situationen immer übergeben musste.

Reisetipps für Israel

Ein paar kleine Tipps habe ich schon erwähnt und weitere werde ich auflisten ohne große, riesige Erklärungen. Mit Hilfe dieser Orte und Begriffe könnt ihr dann im Zeitalter von Google selbst im Internet nachschauen, was euch gefällt und anspricht.

- **Akko, ehemalige Kreuzfahrerstadt und alle, die sich für Assassin's Creed begeistern, erkennen in diesem Ort Bauwerke, Straßen und Wege;**
- **Haifa, ist die größte Hafenstadt in Israel. Und wie es so schön heißt: In Haifa arbeitet man, in Jerusalem betet man und in Tel Aviv lebt man;**
- **Jerusalem**
- **Tel Aviv**
- **Rotes Meer (auch eine Weiterreise nach Ägypten lohnt sich);**
- **Totes Meer**
- **Massada (Palastfestung von Herodes, hoch über dem Toten Meer), auch wenn es sehr anstrengend ist, lohnt sich ein Aufstieg mit Sonnenaufgang!**
- **Negev (Wüste);**

- En Gedi, ist ein wunderschöner Nationalpark, durch den man wandern kann und herrliche Aussichten bekommt;
- Berg der Seligpreisungen und See Genezareth (an diesen Orten fühlte ich mich Jesus und seinen Verkündigungen immer besonders nahe);
- Alles weitere klärt der Baedeker ;)

Theologiestudium in Jena

Zu meinen Eltern sagte ich immer, ich werde alles studieren, nur das nicht. Nun ja, jetzt stehe ich hier und kann nicht anders. Nach meinem Abitur hatte ich noch keinen richtigen Schimmer, was ich werden wollte. In der Schule war ich sehr oft bei der Berufsberatung und habe mich mit sehr vielen Berufen auseinandergesetzt, von Medizin, Philosophie über Lehramt und Pädagogik bis hin zu Physiotherapie und Rehabilitation war alles dabei. Mit 16 Jahren wollte ich unbedingt in Köln Sport studieren. Dafür musste ich einen sehr harten Sporttest absolvieren, auf den ich mich lange und fokussiert vorbereitete. Aber wie 52% der Bewerber* flog auch ich durch diesen Test, weil ich vor Aufregung meinen Kopfsprung vom 1-Meter Brett vermasselte und eine Sekunde zu langsam beim Sprint war. Für mich fiel eine kleine Welt zusammen und ich war innerlich sehr gekränkt. Vielleicht ein Zeichen für einen Richtungswechsel in der Gedankenwelt?

Ich hatte mich mit vielen Berufen beschäftigt, aber nicht mit der Theologie. Vielleicht, weil ich nicht das Gleiche wie meine Eltern machen wollte, und vielleicht, weil ich auch die ganzen Probleme kenne mit denen wir als Pfarrfamilie automatisch immer zugleich auch konfrontiert wurden. Das erste Mal berührte mich der zarte Gedanke, als meine Lehrerin, Frau Barnikol-Oettler, im mündlichen Religionsabitur zu mir sagte: »Also, wenn du keine evangelische Theologie studierst, dann weiß ich auch nicht mehr.« Ich lachte noch und sagte bescheiden: »Nein danke, ich möchte was mit Sport machen.« Auch ein sehr spannender Prozess, dass ich lange den Sport von der Kirche abgespalten habe, bis ich mein Projekt *Körper und Geist stemmen* gründete, aber dazu später.

Die Aussage meiner Lehrerin berührte mich, aber ich ließ den Gedanken zunächst nicht weiter in mein Herz. Zu sehr war ich mit meinem Auslandsjahr und allem anderen beschäftigt.

In Tel Aviv spürte ich dann plötzlich, wie präsent und aktiv der Glauben gelebt wird und wie sehr ich mich darin wohlfühlte. Ich merkte, wie sehr ich es liebte, mit Menschen zu arbeiten und ihnen zu helfen, aber dass mir auch eine geistige Anforderung fehlte und ich das dringende Verlangen nach Lesen, Lernen und Weiterbildung verspürte. Wie heißt es doch so schön,

»Der Mensch lebt nicht vom Brot allein!«

(5. Buch Mose 8,3).

Dann fing ich an, ganz langsam und leise die Überlegung näher zu betrachten, Theologie studieren zu wollen. Diese Idee entsprang zart und vorsichtig aus meiner Seele und ich erzählte auch niemanden davon.

Es war plötzlich so, als würde ich Kontakt mit Gott aufbauen und ihm von meiner Idee berichten. Ganz schüchtern und etwas verloren. Irgendwann dann erzählte ich meinen Patienten* davon. Sie freuten sich und konnten sich das gut vorstellen. Meine Eltern waren etwas geteilter Meinung. Meine Mutter freute sich, weil sie mich in diesem Beruf schon etwas länger sah, und mein Vater fürchtete sich, ob ich wohl die richtige Entscheidung treffen würde. Das wusste ich auch nicht, aber nach vielen Ideen und Gesprächen entschloss ich mich, mich in Jena an der Theologischen Fakultät einzuschreiben.

Bevor ich mit dem Studium begann, machte ich mit meiner Familie an der Ostsee Urlaub.

Noch etwas traumatisiert und lädiert von Tel Aviv überforderte mich das Erlebte anfangs wie die deutsche Kultur, der Komfort, liebevolle Menschen, die sich um mich sorgten und mir endlich wieder nahe waren. Und plötzlich war meine Seele so aufgebracht, dass ich nicht mehr Theologie studieren wollte. Ich weigerte mich strikt und kämpfte mit meinen Glaubenszweifeln. Ich war überfordert und bekam plötzlich wieder Angst. Kann ich das?

Will ich das? Alles war schon durchgeplant. Ich war immatrikuliert und hatte ein WG-Zimmer. Aber mein Geist war stürmisch. Ich stand am Meer und wusste plötzlich nicht mehr, ob ich wirklich von Gott reden kann. Ob ich den Menschen von ihm berichten kann, auch wenn mein Glaube ein zartes Band ist. Meine Eltern waren genervt. Ich hatte schon so viele Ideen gehabt und mich wieder anders entschieden und jetzt hatte ich ihnen so lange überzeugt von meiner Vorstellung als Theologin berichtet und kämpfte nun schon wieder wie Martin Luther in seinem Turmerlebnis mit seiner Rechtfertigung. Mein Vater sagte zu mir: »Ich gebe dir drei Tage, in diesen schaust du nach einem Plan B, schau, was dir gefällt, und was du machen willst, aber sei dir stets bewusst, dass ich auch an meinem Glauben zweifle und dass dieser Prozess immer und lebenslänglich zu einer gesunden Beziehung mit Gott dazu gehört. Der Glaube ist keine Konstante, die von Tag zu Tag gleich ist. Wir verändern uns und der Glaube an Gott wächst mit. Es ist töricht als Pfarrer* so zu tun, dass es anders als bei Laien wäre. Nimm dich deiner Glaubenszweifel an und verdränge sie nicht. Denn auch mit ihnen kannst du anderen Menschen helfen.« Okay, okay, also nahm ich mir die drei Tage und zog mich etwas zurück. Ich schlief sehr schlecht, war viel in der Natur und suchte nach Antworten. Und weißt du was? Ich fand einfach keinen Plan B oder etwas Anderes, das ich mehr wollte. Ich wusste nicht, was ich stattdessen machen sollte. Also warum stellte ich mich nicht einfach meiner Angst und würde erst einmal anfangen, Theologie zu studieren?! Auch wenn ich nicht wusste, was auf mich zukommen würde oder wer. Im Oktober 2019 begann ich schließlich mit dem Theologiestudium. Und seitdem fühlte ich mich aufgenommen, freue mich an meinem Studium, kämpfe mich durch Exegesen und Hausarbeiten und habe schon so viele Menschen neu kennengelernt und viele Ideen entwickelt und neu umsetzen können. Es ist kein einfaches Studium, weil es persönliche Ansichten mit wissenschaftlichem Arbeiten kombiniert. Aber mit fortschreitenden Semestern merke ich, eigene Ansichten verstärken zu können und auch zu wissen, was mich inhaltlich abstößt. Es ist wie in jedem Studium. Zweifel gehören dazu, langweilige Seminare, die man abhaken muss, auch. Aber die Freude und meine persönlichen Glücksmomente überwiegen. Und ich bin dankbar, dass ich damals nicht einfach den leichtesten Weg gegangen bin und gesagt habe, dass ich das nicht studieren möchte.

Vielleicht hätte mir das die Angst für den Moment genommen, aber die Glaubenszweifel und die Gedanken wären geblieben und auch wiedergekommen. Manchmal sind sie auch jetzt noch da, sogar richtig stark, und manchmal sind sie schwächer. Aber aus jeder Krise lerne ich. Es ist wohl wie der methodische Zweifel, den der Philosoph Descartes lehrte. Zweifeln bedeutet Dynamik in den Gedankengängen und Weiterentwicklung. Es ist kein Zweifel des Stillstands. Mittlerweile weiß ich auch, dass ich nicht in der hebräischen Denkweise *entweder-oder*, sondern in der griechischen Version *sowohl, als auch* denken kann. Zweifel sind erlaubt und auch gut und wichtig für den Prozess, aber deswegen muss ich nicht alles von einen auf den anderen Tag aufgeben und mein Studienfach wechseln. Ich muss mich vielmehr mit der Angst auseinandersetzen und darf sie nicht verdrängen. Denn Angst ist keine Schwäche. Sie ist Energie, die Du in Stärke umwandeln kannst. Sie ist von uns selbst geschaffen und genauso kannst Du sie als Mittel verwenden, um zu wachsen.

Warum Jena?

Um ehrlich zu sein, habe ich mich in Jena primär aus praktischen Gründen beworben, auch weil ich damit in der Nähe meiner Familie in Saalfeld bleiben konnte. Ich dachte, gerade für den Anfang in der Theologie wäre das von Vorteil, weil ich dort besonders die kleineren Vorlesungen und Seminare würde besuchen können, mich gleichzeitig, aber auch intensiver um die noch zu erlernenden Sprachen wie Latein, Griechisch und Hebräisch würde kümmern können und es mir dann leichter fiele, mich in alles einzuleben. Zu diesem Zeitpunkt war mir noch nicht klar, dass Jena ein wahres Paradies ist. In Jena lebt sich's bene, wie es so schön heißt.

Die Stadt hat 111.000 Einwohner und wird durch die vielen Studierenden sehr lebendig.

Jena ist zwar deutlich kleiner als beispielsweise Berlin, Hamburg oder München, dafür aber persönlicher, herzlicher und zugänglicher.

Es ist wieder eine Charakterfrage, welche Städte man bevorzugt, aber in Jena fühlte ich mich nie einsam. Jeden Tag begegnete ich vertrauten Gesichtern, konnte an der Saale entspannen oder im Paradiespark Sport machen und die Seele baumeln lassen. In Jena erlebte ich nicht die Reizüberflutung, die ich in Tel Aviv und Rom verspürte. Es war völlig okay mit anderen Studierenden bis abends in der Bibliothek zu sitzen und zu lernen. Ich fühlte mich innerlich nicht unter Druck gesetzt, draußen etwas zu verpassen. Durch meine Arbeit im *The Bean* lernte ich weitere Menschen und Nischen kennen, in denen ich mich wohl und aufgenommen fühlte. Als ich damals mein Vorstellungsgespräch mit meinem Personalchef Steve hatte, fragte er mich, was ich schon so alles gemacht hätte und was ich gerade mache. Ich erzählte ihm von Tel Aviv und meinen vergangenen Arbeitserfahrungen. Plötzlich grinste er und erzählte mir, dass sein Exfreund in Tel Aviv lebe und er dieses Land, die Kultur und das Essen über alles liebe. Wir waren sofort auf einer gemeinsamen Welle unterwegs und ich hatte den Job. Ab diesem Moment fing ich langsam an zu begreifen, wie viel mir dieses erste Auslandsjahr in Tel Aviv schon an Selbstvertrauen, Erfahrungswerten, Weitsicht und Klugheit gebracht hatte.

Diese Werte konnte ich für mich auch in Jena einbringen. Denn die linksorientierte Stadt ist offen für Brückenbauer* und Initiativen. Da muss ich sofort an den großartigen Verein *Tausend Taten* denken. Der Verein ist tätig in allen Altersgruppen und versucht mit vielen kleinen Taten die Welt von Jena aus zu verbessern. Denn viele kleine Taten an vielen kleinen Orten können das Licht der Welt verändern. *Tausend Taten* will der Einsamkeit und dem Egoismus auf der Welt entgegenwirken und zeigt, wie wichtig es ist, auf Beziehungen zu bauen. Dabei werden die Hürden von Altersstrukturen, Kulturen oder auch Krankheiten übersprungen. Bei dem Verein kann man sich ehrenamtlich als Lesementor*, NAHbar* oder auch als Pate* für Demenzerkrankte einbringen. Meine erste Spendenaktion in meinem Leben richtete sich an *Tausend Taten* und ich sammelte tatsächlich 1000 Euro ein.

In Tel Aviv entwickelte ich einen Shaker mit dem Spruch »Der Shake ist immer halb voll«.

Mit diesem Slogan wollte ich ein Zeichen setzen. Für Optimismus und innere Stärke. Ich kam auf die Idee, diese Shaker gegen eine Spende im Fitnessstudio zu verteilen. Das Projekt lief sehr gut und der Spruch wanderte von der Theorie in die Praxis.

Durch meine kleine Tat für *Tausend Taten* schlug mein Herz wieder schneller.

Der Muscle Hustle Podcast

»Mach doch was du willst, aber mach bitte keinen Podcast!«, heißt es in dem Lied von der Band *Von wegen Lisbeth*. Ich verstehe die Kritik, weil seit 2020 sehr viele Podcasts entstanden sind und darunter auch einige, die nicht wirklich einen tieferen Sinn haben.

Mit meinem Podcast aber will ich mich bewusst von einem »Laberpodcast« distanzieren und Content und Entertainment beisteuern. Durch mein Leben in vielen verschiedenen Bereichen kenne ich großartige Menschen, die tagtäglich vieles auf die Beine stellen, um die Welt in eine bessere Richtung zu bewegen. Diese Menschen begeisterten und inspirierten mich und das soll von der Welt gehört werden. Mit meiner ersten Folge startete ich im März 2021, mit dem Titel *Einfach machen.* Die Folge entstand mit meinem Hausmitbewohner Navid, der selbst eine eigene Band, *Spätkauf Pakila,* und einen Podcast hat. In den Anfängen unterstützte er mich und brachte mir die Basics bei. Das half mir sehr, um schon von Beginn an eine gute Qualität und ein fundiertes Wissen über die neue Sphäre zu bekommen. Mein Podcast beschäftigt sich mit der Thematik Körper und Geist stemmen. Ich untersuche den Zusammenhang von Seele, Körperlichkeit und Bewegung. In diesem thematischen Feld gibt es viele Menschen, die versuchen, sich aktiv mit Spiritualität zu beschäftigen und Dynamik in das Leben hineinzubringen.

Jede und jeder einzelne Interviewpartner* ist verschieden und hat Visionen. Aus allen Folgen ergibt sich ein buntes Bild mit vielen Träumen, Machern* und neuen Herangehensweisen für Körper und Geist. Für mich persönlich ist diese Art von Format eine große Bereicherung.

Ich lerne Menschen aus vielen Bereichen noch einmal näher kennen und erkunde neue Städte und Räume. Wenn ich dein Interesse geweckt habe, dann höre doch einfach mal auf Spotify rein unter: *Der Muscle Hustle Podcast*. Der Name entstand einfach aus einer kreativen, harmonischen Wortschöpfung. Der Begriff ‚Hustle' bedeutet ‚ambitioniert sein, sich voranbringen, weitermachen und nicht aufgeben'. Und ‚Muscle' steht für ‚Muskel'. Da die beiden Begriffe harmonisch sehr gut zueinander passen und es um das Thema *Körper und Geist stemmen* geht, kam ich auf diese Wortneuschöpfung.

Körper und Geist stemmen

Sehr lange dachte ich, dass ich meinen Sport von der Kirche trennen müsste, weil es keinen gemeinsamen Weg geben würde. Doch dann entwickelte ich meinen eigenen persönlichen Traum, mit Menschen in der Kirche Sport zu machen und neue Ebenen der Begegnung und Kommunikation zu ermöglichen. Während meines Praktikums für mein Studium in Weimar schlug ich Pfarrerin Teresa Tenbergen ganz schüchtern und hoffnungsvoll meine Idee vor.

Sie war gleich begeistert und sagte mir, dass ich die Bänke aus der Kirche nehmen und dafür die Gewichte reinbringen könne. Sie ließ sich vollkommen auf meine Idee ein und konnte sich die Verbindung von Körper und Geist mit Hilfe der Bewegung vorstellen.

Ich wagte meinen ersten Versuch in der Kirche mit Konfirmanden* und es machte allen sehr viel Spaß. Wir begegneten uns auf eine neue Art und Weise. Bei dem Projekt ging es nicht um Leistung, sondern um Freude an der Bewegung und um ein solidarisches Miteinander.

Wir wollten miteinander schwitzen und nicht gegeneinander. Das veränderte die Gruppe.

Denn es macht einen Unterschied, ob man gemeinsam mit der Pfarrerin schwitzt.

Ebenso gelang es mir, Konfirmanden*, die vorher die Gruppe in Unruhe versetzt hatten durch die sportliche Anstrengung zu beruhigen, weil sie in diesen Momenten genug mit sich selbst und den Übungen zu tun hatten. Der Anfang funktionierte also gut. Aber es war erst der Anfang. Mein Freund René war von vornherein sehr interessiert und offen für meine Idee und begann mit mir weitere Kurse in den Kirchen anzubieten. Kaum jemand glaubte mir, dass René atheistisch großgeworden ist. Durch seine Ferne zum Christentum hatte er noch keine wertende Brille auf und entwickelt stets neue Ideen, ohne von kirchlicher Hierarchie oder Pessimismus voreingenommen zu sein. Ich glaube, der Apostel Paulus hatte doch recht, als er sagte, dass die Heiden manchmal mehr verstehen als die voreingenommenen Gläubigen.

Wir entwickelten mit viel Kraft und Kreativität neue Ansätze in den Umsetzungen. Wir fokussierten uns etwas mehr auf das Boxen, die Selbstverteidigung und auf tänzerische Elemente. Es war ein unglaubliches Gefühl, die Bänke aus der Kirche zu räumen und den Raum für die Bewegung zu nutzen. Es bewegte sich ein neuer und aktiver Geist in den Räumen. Wahre Glücksgefühle! Die sportliche Einheit schloss ich immer mit einer Meditation oder einer spirituellen Übung ab, um die Verbindung zwischen Körper und Geist zu verdichten. Nach einiger Zeit kauften wir uns einen Kofferanhänger, um das Equipment immer dabei zu haben. Mit dem Anhänger hatten wir die Möglichkeit in der Verbundenheit mit der Natur sein zu können und auch unabhängiger und freier agieren zu können.

Körper und Geist stemmen, ist mehr als nur ein Logo. Ich will den Menschen neue Türen zu ihrer persönlichen Spiritualität öffnen. Ich will nähere Körperlichkeit schaffen.

Wir wollen die Beziehungen in Gruppen und Gemeinden stärken. Wir bieten vieles an, von Fitnessstudio, Bewegung mit Kindern in der Kirche bis hin zu Sport mit dem Gemeindekirchenrat, auch ein Format für Familien, um auf diese Weise die Gemeinschaft und die Verbundenheit im Inneren noch einmal zu stärken.

Denn Eltern sind keine Randfiguren oder nur Erziehende, sie können mit ihren Kindern den Spaß an der Bewegung ausleben und gemeinsam schwitzen – dafür bieten wir die Fläche.

Körper und Geist stemmen ist unsere Vision, an der wir Schritt für Schritt weiterarbeiten und zu Brückenbauern* werden wollen.

Aus einer Faust kann für jede und jeden eine reichende und helfende Hand werden.

Das wollen wir erreichen und vermitteln. Selbstverteidigung und der Umgang mit Gewalt werden in unserer Gegenwart immer wichtiger, Mobbing und Verletzung (mental und physisch) müssen aufgehalten werden und richten sich gegen unsere ethische Wertvorstellung.

Ich will Freude an der Bewegung vermitteln und die Seele befreien. Mit neuer Kraft für den Körper und den Geist können wir neue Dimensionen erreichen und eine gemeinsame Sphäre der zwischenmenschlichen Energie eröffnen.

Die drei Stadien eines Auslandjahres

1. Alles neu und großartig
2. Einleben
3. Problemanalysen und Heimweh

Seitdem ich mir der drei Phasen bewusst bin, fällt es mir leichter, meine Gefühle im Nachhinein zu reflektieren. Mir ihrer bewusst zu sein, bereitete mich auch besser auf mein nächstes Auslandsjahr vor. In der ersten Phase nahm ich die neue Umgebung mit allen Sinnen auf.

Ich genoss die neue Sprache, die neue Kultur, die neue Mentalität und die zahlreichen neuen Erlebnisse. Gerade am Anfang fühlten sich die neuen Eindrücke noch so an, als sei ich im Urlaub, und ich tastete mich in Tel Aviv langsam von Sabbat zu Sabbat vor. Ich war jeden Tag reizüberflutet und abends immer erschöpft, weil so vieles auf einmal passierte und ich langsam verstand, dass ich in dieser neuen Stadt ein ganzes Jahr lang leben würde. Ich musste mir vieles selbst beibringen, vieles erfragen und immer wieder meine Komfortzone verlassen. Das machte mir Spaß, aber es strengte Körper und Geist auch sehr an. Nach etwa zwei Monaten fing ich an, Routinen und Gewohnheiten zu entwickeln und lebte mich immer mehr in die Mentalität und Kultur meiner neuen Umgebung ein. Nach ungefähr drei Monaten fühlte ich mich nicht mehr als Touristin, sprach nun besser Hebräisch, kannte die Wege und Straßen schon ganz gut und hatte nicht mehr den Anfangsdruck, alles besichtigen zu müssen. Der Druck fiel mir von der Seele und mein Blick weitete sich. Denn langsam fühlte ich mich als Bewohnerin und beschäftigte mich mehr mit den Menschen, dem Leben und der Politik. Ich arbeitete jeden Tag und das Urlaubsgefühl verschwand langsam. Dafür kamen plötzlich Probleme auf. Nach einem halben Jahr fing ich an, von vielen Dingen genervt zu sein, weil der vernebelte Blick der neuen Erfahrungen immer klarer wurde. Die Halbzeit empfand ich als Segen und Fluch zugleich.

Zum einen, weil ich es genoss, mich nicht mehr als Touristin zu fühlen und die israelische Kultur genießen und leben zu können, aber zum anderen wurde das Leben von Tag zu Tag auch irgendwie härter: allein, ohne Komfort, dafür mit Kakerlaken. Ich bemerkte plötzlich, was ich alles an Deutschland schätzte und wie sehr mir die Menschen fehlten, die mir wichtig waren. Das ist auch eine klare Ehrlichkeit. In meinem Auslandsjahr merkte ich, auf welche Freunde ich mich verlassen konnte, wer für mich da war und wer sich nicht mehr meldete. Das sortierte meine engen Kreise noch einmal völlig neu. Nach der Halbzeit begann die härtere Phase des Auslandsjahres. Ich lernte viel über mich selbst und meinen Umgang mit der Einsamkeit.

Ich kam oft an meine psychischen und physischen Grenzen, aber lernte dadurch auch, was eigene Grenzen überhaupt bedeuten, und wie wichtig es ist, mit ihnen umgehen zu können.

Ich habe in diesem Jahr meine Resilienz immens gefördert und geweitet.

Ich lernte durchzuhalten, nicht aufzugeben, Tränen rauszulassen und wieder aufzustehen.

Denn die Arbeit im Krankenhaus war Tag ein, Tag aus auch kein Zuckerschlecken.

Die Zuständigkeiten und Aufgaben wurden größer, ich bekam mehr Vertrauen von Therapeuten* und Patienten* entgegengebracht, aber auch meine Verantwortung wuchs. Es gab Tage, da konnte ich den Frühstücksbrei, den ich den Patienten* geben musste, nicht mehr riechen. Aber glücklicherweise ging es auch meinen Patienten* so. Deswegen kämpften wir gemeinsam gegen den abstoßenden Reiz an. Es gab Tage, an denen ich *eingestuhlte Stühle* entfernen musste.

Ja, richtig gelesen.

Und dann gab es Tage, an denen die Fahrstühle nicht funktionierten und alle Therapiepläne durcheinandergerieten. Aber es gab auch wieder die Tage der direkten Dankbarkeit. Die Tage, an denen sich Leid und Freude die Hand gaben, aus Krankheit - Gesundheit wurde und Fortschritte in den Therapien anschlugen. Aber dann gab es auch wieder Tage, an denen Lieblingspatienten* starben und ich lernen musste, allein in einem fremden Land damit umzugehen. Jeder neue Tag brachte ein Auf und Ab der Gefühle mit sich und ich hätte nach dem Jahr bestimmt noch ein Jahr gebraucht, um alles zu verarbeiten; aber jede einzelne Situation hat mich etwas gelehrt und mich lebensklüger werden lassen. Deswegen empfehle ich jedem und jeder ein ganzes Auslandsjahr zu machen. Mit allen Stadien und allen Gefühlen der vier Jahreszeiten. Der Weg des größten Widerstandes ist niemals der Einfachste, aber der lehrreichste und wundervollste von allen Wegen.

Mein Weg nach Rom

Das Theologiestudium in Jena ist aufgegliedert in zwei Etappen. Ich benutze bewusst das Wort Etappe, weil es ein schönes Synonym für das Aufsteigen ist.

Zuerst kommt das Grundstudium mit dem Absolvieren von Graecum, Hebraicum und dem Latinum, ich Glückliche hatte keine von den drei Sprachen zuvor in der Schule gemacht.

Dazu kommen Grundkenntnisse über das Alte und Neue Testament, Kirchengeschichte, Praktische Theologie, Dogmatik und Systematische Theologie. Im Hauptstudium wird dann alles fundierter, bis es zum Schluss zu der großen Herausforderung des Examens kommt.

Für Theologen* ist es ideal, nach dem Grundstudium zu wechseln oder für zwei Semester im Ausland weiter zu studieren. Nach drei Jahren in Deutschland bekam ich Fernweh und ich wollte unbedingt noch einmal woandershin und weitere Erfahrungen sammeln. Die Ferne und die neuen Herausforderungen fehlten mir und meiner Kreativität. Also überlegte ich noch einmal nach Israel zu gehen, aber da hätte ich nur in Jerusalem studieren können und das war mir zu weit von meinem geliebten Tel Aviv entfernt. Meine zweite Idee war in Wien zu studieren. Das hätte ich über die Organisation *Erasmus* machen können. Aber Wien war für mich kein richtiges Ausland, keine andere Sprache und die Reformatorische Theologie reizte mich persönlich auch nicht so sehr. Meine letzte Idee war Rom, also erst einmal indirekt.

Ich stolperte in der Universität über einen Flyer, der für einen Sommerkurs in Rom warb.

10 Tage Exkursionen in der Stadt, 10 Tage Katholizismus, 10 Tage Neuland. Ich überlegte länger und wusste nicht so recht, ob ich mich bewerben sollte. 10 Tage in Rom mit Theologiestudierenden kann auch gefährlich werden. Da entwickelten sich in mir wieder Angst und Bequemlichkeit und so wartete ich zunächst ab, wie sich Corona weiterentwickelte. Schließlich hatte ich noch zwei Tage bis zum Bewerbungsende und erzählte meinem Vater von der Idee. Er sagte nur: »Tu es! Du bekommst sogar die Kosten erstattet und wenn es ganz schlimm wird, bleib doch im Anschluss noch in Italien und mach etwas Urlaub.« Gesagt, getan. Ich rief meine Freundin Hanni an und fragte sie, ob sie Lust hätte, mit mir in Italien Urlaub zu machen. Sie überlegte nicht lange und so hatte ich keine Ausrede mehr, mich nicht für den Sommerkurs zu bewerben. Heute bin ich dankbar, dass ich mich getraut habe! Ich habe in den 10 Tagen einen vielfältigen Eindruck von Rom bekommen und wieder großartige Studierende kennengelernt. (Greets to Anneke)

Der Katholizismus und die dreckige, hektische, volle, aber doch wundervolle und prunkvolle Stadt Rom faszinierten mich und schreckten mich gleichzeitig ab. Ich war angesteckt von der italienischen Sprache, dem Rhythmus, der mich auch so sehr an Tel Aviv erinnerte.

Also schrieb ich eine Bewerbung für zwei Auslandssemester in Rom. Lustigerweise war ich vorher der Ökumene eher immer abgeneigt, weil meine Begegnungen vorher nie bereichernd, sondern meist demütigend gewesen waren. Ökumene bedeutete für mich eher, dass ich katholisch werden müsse, weil ein Konsens kaum möglich ist.

Aber ich wollte es nicht aufgeben und mehr über diese Konfession und deren Spiritualität erfahren. Deswegen schrieb ich in meine Bewerbung, wie sehr ich an Ökumene und an der katholischen Kirche interessiert sei, und musste darüber schon selbst schmunzeln. Nebenbei fing ich an der Universität einen A1- und anschließend einen A2- Italienischkurs an und bekam immer mehr Lust auf neue Erfahrungen und das Land.

Im März bekam ich dann meine Zusage. 1 Jahr Rom, 1 Jahr neue Herausforderungen, Spiritualität, Erlebnisse und Erinnerungen. Ich war bereit für die römisch - katholische Kirche. Auch wenn ich noch nicht genau wusste, auf was ich mich da wirklich eingelassen hatte.

Aber auch die Unwissenheit gewährte einen großen Reiz.

Leben und studieren in Rom

Ich wohnte in Rom im Convitto Valdese, neben der Chiesa Valdese. Das Convitto liegt in der Nähe der Engelsburg im Wohnviertel Prati, circa 12 Gehminuten vom Petersdom entfernt. Unsere Lage war demnach ein Träumchen. Mit der Metro und den Bussen erreichte ich im Gewusel des italienischen Verkehrs alle anderen Orte ziemlich schnell und gut.

Übrigens gehören die Waldenser zu der ältesten protestantischen Kirche in Italien und gründeten sich in der Mitte des 17. Jahrhunderts. In den ersten zwei Etagen unseres Konviktes befand sich die Bibliothek und die Universität mit zwei Seminarräumen. Ich wohnte also mitten im Geschehen von protestantischer Theologie. In dem Haus wohnten aber nicht nur Theologen*. Wir waren eine bunte Gruppe aus Professoren*, Theologiestudierenden, Studierende, die durch Vitamin B in dieses Haus gekommen waren (z.B.: Jura oder Ökonomie), und natürlich italienische Studierende anderer Fachrichtungen. Insgesamt umfassten wir um die 27 Leute.

Das stellte sich aber jeden Abend als große Herausforderung heraus, weil jede* kochen und essen wollte. Zusammen teilten wir uns nämlich eine Gemeinschaftsküche. Deswegen hatte ich es mir angewöhnt, nach 21:00 Uhr zu kochen, weil zwischen 18:00-20:00 Uhr meist alle Deutschen in der Küche rumhuschten und ab 20:00 Uhr die Italiener* und dann eben ich.

Also ihr merkt, kochen und essen kann sich als stressig herausstellen. Trotzdem arrangierten sich alle mit der Situation und wir hatten immer eine bunte Vielfalt während des Essens, mit lustigen und amüsanten Gesprächen über Gott und die Welt. Da gab es auch eine Terrasse an unserem Haus, auf der wir sitzen und essen konnten.

In der Innenstadt von Rom gab es mehrere kleine Supermärkte und Minimärkte, in denen man das meiste für das tägliche Leben fand. Die Preise waren ähnlich wie in Deutschland, nur das Fleisch war ziemlich teuer und zu meiner Trauer gab es keinen Magerquark und kaum oder nur sehr teure Fleischersatzprodukte. Zusätzlich aber gab es die Möglichkeit, jeden Vormittag auf einen Obst- und Gemüsemarkt von Bauern zu gehen, der zwar teurer war, aber qualitativ bessere Lebensmittel bot.

Das Leben in der 3 Millionen Stadt ist sehr laut und lebendig. Mein Fenster befand sich direkt an einer Straße, in der es einen aktiven Musikclub mit Partys gab und zwei sehr gut besuchte Restaurants. Wie ihr euch denken könnt, reden Italiener* sehr lautstark, was für mich anfangs sehr ungewöhnlich war. Aber an die Lautstärke gewöhnte ich mich irgendwie, mal funktionierte das besser, mal schlechter. Um ins Bad zu gehen, musste ich durch unseren Flur laufen, was bei meiner schwachen Blase manchmal ziemlich ätzend war, aber so sammelte ich genug Schritte und hatte den grandiosen Vorteil, mein Bad nicht putzen zu müssen. Im Vergleich zur israelischen Dusche erfuhr ich sogar ein Upgrade, denn die Dusche funktionierte, aber leider nur mit kaltem Wasser. Das war im Winter sehr hart und für mich als Heißduscherin noch unangenehmer. Vielleicht benötige ich noch ein Auslandsjahr in einem anderen Land für die perfekte Dusche.

Das Leben in Rom ist etwas ganz Besonderes:

lebendig – vielfältig – heilig – wunderschön – stressig.

Rom gehört mit ungefähr 3 Millionen Einwohnern* zu den 10 größten Städten in Europa.

Dazu kommen noch die gefühlt fünf Millionen Touristen*, die sich durch die Fußwege schleppen und auch immer im Weg stehen. Aber das im Weg stehen gehört auch zu einer Angewohnheit der Italiener*. Schon nach ein paar Tagen merkte ich, dass das soziale Miteinander in Italien ein anderes ist – lustigerweise gar nicht so verschieden von der Lebensart in *meinem* Tel Aviv. Die Italiener* sind raumeinnehmend, laut, schnell, lebhaft und bis zum finalen, großen Abendessen immer in Bewegung. Ich würde auch behaupten, sie sind Keks- und Cornettosüchtig. Ich habe oft beobachtet, wie schnell ein ganzes Cornetto in den Mund geschoben wird, dann der Espresso hinterher und ab geht's.

Hinsetzen ist nicht – das Ganze passiert immer im Stehen und an der Bar.

Gemütlicher wird es erst am Abend, wenn alle Aufgaben erledigt sind und ein gemütliches Miteinander entsteht.

Die Stadt ist so wundervoll vielfältig, historisch und voller Momente wie wohl keine andere Stadt. Jedes Mal beim Spazierengehen entdeckte ich mindestens zwei neue Kirchen, ein neues Viertel und erlebte wieder irgendwas Eigenartiges, aber Prägendes. Plötzlich empfand ich Kirchengeschichte als nahbar und ich fing an, mich mehr und ausführlicher damit auseinanderzusetzen. Ich versuchte jede Ecke der Stadt wahrzunehmen und nicht müde zu werden. Rom ist wie ein riesiges Museum mit so vielen großartigen Gebäuden, Restaurants, süßen Gassen, Künstlern*, Kirchen und buntem Glauben. Es ist kein Zufall, dass ROMA umgedreht

AMOR heißt. Ein Fehler, den wohl jede* am Anfang macht: Gehe niemals in den großen Touristenecken zum Essen. Das zerstört das Bild von dem *Dolce far niente*.

In Kurzfassung: fünf Spaghetti für 18 Euro und immer noch Hunger. Mit der Zeit merkte ich auch immer mehr, dass ich meine geheimen Kraftorte in der Stadt suchte und brauchte.

Denn auf Dauer musste sich meine Seele beruhigen und ich brauchte Zeit, um Geschehnisse zu reflektieren und zu verarbeiten. Weil Rom so groß ist, sind die Wegzeiten wahre Zeitschlucker. Um von A nach B zu kommen, ist schnell mal eine Stunde weg.

Am Anfang war das für mich ungewohnt, aber ich versuchte mich mit den Umständen zu arrangieren. Mit der Zeit fand ich viele Lieblingsplätze und Orte wie die Piazza del Popolo, das ist der pulsierende Platz zwischen dem lebendigen Park Villa Borghese und gleichzeitig auch die Schnittstelle zu den Shoppingstraßen. Auf dem Campo de' fiori beobachtete ich tagsüber gerne das wilde Markttreiben und abends konnte man da auch sehr gut essen gehen und sitzen. Ich hielt mich auch sehr gerne in den hübschen und süßen Stadtvierteln wie Monti, Campo Marzio und Trastevere auf.

Die Orte wachsen mit den Erlebnissen. Und jeden Tag kam gefühlt eins hinzu. Es war eine großartige Chance und Herausforderung, jeden Tag neue Erfahrungen sammeln zu dürfen und an sich selbst wachsen zu können – die größte Schwierigkeit war es, mit dem Kopf hinterherzukommen.

Ich musste meinen Gedanken und lebendigen Erfahrungen Zeit geben und mich auch ab und an einmal zur Ruhe setzen – allein, ganz für mich.

Universitäten und Studierendenleben in Italien

Über das Stipendium vom Centro Melantone war es mir möglich, mich an allen päpstlichen Universitäten einschreiben zu können. Davon gab es mehr als 15 Stück in Rom.

Es ist also Segen und Fluch zugleich. Denn sich an jeder Vorlesung einschreiben zu können, bedeutet auch jeden Vorlesungskatalog durchzugehen und zu übersetzen. Das erste Semester war wesentlich härter und anstrengender für mich als das zweite. In Jena hatte ich bereits Italienisch auf A1- und A2- Level an der Universität gelernt, aber jetzt war ich wirklich ohne Rücksicht auf Verluste nur mit dem Italienischen konfrontiert. Zu Beginn des Studienjahres hatten wir für vier Wochen noch einen Sprachintensivkurs, und dann ging es los. Ich glaube, man hätte mich in den ersten Wochen in eine andere Vorlesung setzen können, ich hätte es kaum gemerkt, so wenig wie ich verstand. Aber ich ließ mich nicht entmutigen. Ich stellte mir immer vor, dass es bei Kindern auch nicht anders ist. Wir reden auf sie ein, und irgendwann lernen sie die Wörter Stück für Stück und begreifen die Zusammenhänge immer besser.

Ich selbst merkte auch, dass ich von Woche zu Woche mehr von der Sprache verstand und mich langsam auch traute, etwas zu sagen und zu agieren. Das erste Semester war ich eher schüchtern und zurückhaltend und im zweiten Semester machte ich einen Sprung vom Baby zum

Kleinkind. Ich traute mich, in der Vorlesung mitzudiskutieren, und auch etwas zu fragen.

Das sind die kleinen stolzen Momente, die das Selbstbewusstsein und die eigene Motivation erheitern. Die Vorlesungen und Seminare laufen auch etwas anders an den päpstlichen Universitäten ab. Vorwiegend werden die Stunden frontal lehrend abgehalten, und ich befand mich eher in der Rolle der passiven und zustimmenden Zuhörerin. Im ersten Semester war das für mich von Vorteil, weil ich so langsam das Verstehen erlernen konnte. Aber mit der Zeit wurde mir das zu passiv. Ich wollte diskutieren und mit meinen Kommilitonen* Thesen und Argumentationen ausarbeiten. Ich hatte Lust, Texte und Bücher durchzuwälzen und aktiv hinterher darüber zu reden. Gerade in der Theologie ist es sehr wichtig, aus vorgegebenen Fakten und verschiedenen Meinungen eine eigene Sichtweise zu erarbeiten. Meine Professorin für Systematische Theologie aus Jena, Frau Rose, sagte immer: »Theologie studieren bedeutet, dass Sie sich über die Jahre eine eigene Dogmatik erarbeiten, aus allen Quellen und Vorlesungen heraus müssen Sie eine Art finden, zu argumentieren, mit welcher Sichtweise Sie übereinstimmen und welche Sie ablehnen. Theologie studieren ist kein auswendig lernen, es ist ein Verstehen und Umsetzen.« Nur auf diese Art kann ich mir meinen eigenen Glauben bewahren und ein Licht im Dunkeln finden. In Rom hatte ich immer wieder das Gefühl, dass Dogmatik nicht mehr diskutiert wird, sondern schon festgelegt ist. Erst jetzt merkte ich, wie wichtig es war, über Ansichten zu diskutieren, um eigenständiger im Denken und Erlernen zu werden. Auch wenn es immer wieder eine Herausforderung ist. Eine weitere Schwierigkeit für mich war mein protestantisches Erscheinungsbild. An den päpstlichen Universitäten studieren circa 95% Männer, die entweder ein Kollarhemd (Das Kollarhemd dient als Erkennungsmerkmal der Katholiken. Sie tragen es in den Universitäten, bei Veranstaltungen oder in Gottesdiensten. Es ist die bewusste Akzentsetzung weg von der Privatperson hin zur geistlichen Person. In der Evangelischen Kirche wird es eher selten getragen) oder eine Kutte tragen. Der Rest besteht aus Nonnen, die man auch unschwer erkennen kann. Und dazwischen war ich. In den ersten Wochen wusste ich nicht, was ich anziehen sollte. Am besten schick, aber dennoch nicht zu provokant und nicht zu bunt. Im Endeffekt war es egal, was ich anzog, ich stach sowieso heraus. Es war ein besonderes, aber zugleich auch unheimliches Gefühl. In jeder Vorlesung wussten alle, wer ich war und was ich war: die Protestantin aus Deutschland, die sich in die katholischen Universitäten voller Selbstbewusstsein verirrt hatte. In Jena wurde ich nie mit meiner protestantischen Identität konfrontiert, aber in Rom war sie das erste Mal präsent. Ich lernte langsam, was es bedeutet, evangelisch zu sein.

Am Ende des Semesters spürte ich auch meinen eigenen kleinen persönlichen Ablasshandel. Um meine Teilnahme an den Vorlesungen zu bestätigen, brauchte ich eine Unterschrift und einen Stempel aus dem Sekretariat. Eigentlich keine große Sache, aber in Rom für mich schon. Die Sekretärin schaute mich an und sagte zu mir: »Das macht dann 40 Euro.«

Ich war so baff, dass ich nicht wusste, was ich sagen sollte, mein Kleinhirn war kurz davor, die 40 Euro zu bezahlen, aber dann holte mich mein Verstand zurück. So viel Geld für eine bestätigte Vorlesung, rechne das mal auf meine 16 Veranstaltungen hoch. Nein, danke.

Über viele Diskussionen, Umwege zum Dekan und Mails schaffte ich es dann, kostenfrei an die Bestätigungen meiner Veranstaltungen zu kommen. Zum Glück wusste mein Studienberater Tommy Drexel, wie sich schon Luther im Ablasshandel gefühlt hatte, und er hat meine Vorlesungen auch ohne einen teuren päpstlichen Stempel anerkannt. Oh Dio!

Ich beschäftigte mich mehr mit unserer christlichen evangelischen Ethik und spürte die großen Unterschiede zwischen den Konfessionen. Einmal im Monat hatten wir eine Sitzung des Ökumenekreises mit katholischen Studierenden aus Deutschland. Wir behandelten verschiedene Themen von Taufe über Heilige bis hin zu Eucharistie und Abendmahl. In jeder Sitzung erhitzten sich die Gemüter und wir konnten kaum einen Konsens finden und waren immer wieder frustriert, wie schlecht Ökumene selbst in kleinen Kreisen funktionierte. Bei den Diskussionen fiel mir immer wieder auf, dass unsere protestantische Seite bemüht war, offen zu diskutieren und auch die katholische Meinung zu akzeptieren und nicht abzulehnen.

Ich merkte, dass wir selbst gespaltener Meinung waren, weil einige nicht lutherisch waren, sondern reformiert. Aber wir versuchten in einem offenen Diskurs zu bleiben und uns eine eigene Ansicht und Meinung zu den unterschiedlichen Argumenten zu bilden. Auf der katholischen Seite war das bedeutend anders. Ihre Meinung und ihre Dogmatik standen fest, und selbst wenn sie daran gezweifelt hätten, hätten sie das niemals mit uns geteilt.

Die Katholiken (hier muss ich nicht Gendern) argumentierten mit ihrer kirchlichen Dogmatik und waren sich ihrer »Wahrheit« sicher. Wir hingegen waren deutlich emotionaler, praktischer und wollten eine öffentliche Theologie leben, die auch für Konfessionslose und Religionslose zugänglich sein sollte. Ich wollte dem Problem des Gewohnheitsatheismus entgegenwirken und versuchte neue Ansätze und Projekte zu entwickeln, ohne dabei unseren Ursprung in Jesus Christus zu verlieren. Diesen Zweifel und die sinkenden Kirchenmitgliedschaften schien die Katholiken nicht sonderlich zu interessieren. Ich merkte, wie sehr ihre Gedankengänge und Argumentationsrichtlinien auf ihre eigenen Kreise hin, ausgelegt waren. In der evangelischen Kirche liebe ich es sehr, dass ich frei kommunizieren kann in einer bewussten Verantwortungsethik. Der Theologe Thorsten Dietz sagte einmal in einem Vortrag, dass die katholische Moraltheologie diese Art der Kommunikation und Freiheit nicht zulässt und somit immer nur auf einer Stelle stehen bleibt.[3] Ich deute nur auf das Gesetz *Ex Cathedra* (vom Lehrstuhl aus) hin, bei dem das Wort des Papstes verbindlich gilt und unfehlbar ist.

Das machte mir deutlich, dass man einen gemeinsamen Weg niemals erzwingen kann, wenn nur eine Seite dafür kämpft. Ökumene ist wichtig, aber nicht um jeden Preis. Und Ökumene bedeutet auch nicht, dass die Protestanten wieder katholisch werden sollten. Oh Luther, ich kann dich in der ewigen Stadt zwischen den Mauern des Vatikans und den dominierenden Priestern so gut verstehen.

Ich spüre die Traurigkeit und Wut, die Machtlosigkeit und die Ablehnung als Frau.

All das stärkte mich aber paradoxerweise zugleich auch in meiner protestantischen Identität.

Meine eigene Spiritualität intensivierte sich und sie wurde mir wichtiger, weil sie mein Schutzraum ist, um mit Gott zu sein.

Meine Spiritualität in Rom

»Wir dürfen uns Kinder Gottes nennen
und wir sind Kinder Gottes.«

Die Stadt Rom gehört wohl zu den Orten, in denen man schnell verloren gehen kann oder wegen der ganzen eigenartigen und besonderen Momente und Menschen verrückt wird.

Um meine Seele zu stärken, Erlebtes zu reflektieren und in einen meditativen Einklang mit Körper und Geist zu kommen, suchte ich mir meine spirituellen Orte und brauchte die Riten, um meine Beziehung zu Gott zwischen den ganzen Glaubenserlebnissen lebendig zu halten.

Mein Lieblingsort war die Santa Maria dell'Anima, die katholische, deutsche Kirche in Rom. Unter der Woche hatte ich jeden Tag die Möglichkeit, in eine Messe zu gehen, die immer von 18:00 bis 18:30 Uhr gefeiert wurde. Mit Hilfe dieser Messe konnte ich unauffällig die gelebten katholischen Traditionen beobachten, ausprobieren und Spiritualität erleben. Schon Luther war 1511 in dieser Kirche und bezeichnete sie als die Schönste aller katholischen Kirchen. Vielleicht fühlte ich mich deswegen auch wohl in diesem Gebäude? Die Kirche ist sehr prunkvoll, aber ästhetisch, glänzend und ein wahrer Ruheort neben der lebendigen Piazza Navona. Der leitende Priester war ein sehr charismatischer und freundlicher Typ und freute sich über den Besuch. Neben meinen Besuchen in der Messe machte ich auch mehrmals im Monat Kirchenaufsicht und hatte so die Möglichkeit, den unterschiedlichen Menschen noch einmal auf eine intensivere und tiefere Weise zu begegnen. In der Kirche war immer sehr viel los. Einmal kam eine slowenische Chorreisegruppe und sang für über eine Stunde. Hin und wieder kamen interessierte Touristen* und befragten mich zu den großartigen Bildern und zum Papstgrabmal von Hadrian VI. (der sogenannte deutsche Papst). Einmal kam ein älterer Herr mit seiner Frau, der unbedingt eine Beichte ablegen wollte. Er fragte mich ganz schüchtern, ob das denn heute möglich sei. Ich lief ins Kirchenbüro, um einen Priester für sein Anliegen zu finden. Zum Glück fand ich einen und der alte Herr war überaus glücklich, dankbar und nach der Beichte gelöster und friedlicher. Er fragte mich beim Hinausgehen, ob ich Rückenschmerzen hätte, ich wunderte mich über diese Frage und antwortete: »Nein, nur ein wenig Muskelkater.« Er lachte und sagte: »Na, es wird nicht mehr lange dauern, da werden Ihnen Flügel wachsen, weil sie ein kleiner Engel sind.« Ich denke beim nächsten Rückenmuskelkater daran.

Oft kamen Pilger* aus der ganzen Welt in diese Kirche und feierten gemeinsam miteinander die Messe. Wie fühlte ich mich jedes Mal, wenn ich nicht an der Eucharistie teilnehmen konnte? Was gefiel mir an der katholischen Liturgie und was stieß mich ab? Ehrlich gesagt, fühlte ich mich jedes Mal stolz und stark, wenn die Feier der Eucharistie stattfand, aber ich nicht teilnehmen durfte. Vor dem Abendmahl beteten die Priester für alle anderen Heiligen, Gläubigen und den Papst. Also Prost auf den Papst? Nein, danke.

Ich blieb stolz und protestantisch sitzen und dachte an Lutero.

Einige liturgische Riten gefielen mir allerdings auch sehr gut und bewegten sich innerhalb meiner eigenen, inneren Spiritualität.

Vor der Lesung aus dem Evangelium bekreuzigten sich die Katholiken dreimal. Sie zeichneten ein kleines Kreuz auf ihre Stirn, auf ihren Mund und auf ihr Herz. Diese Gestik sollte verdeutlichen, dass das Wort Gottes im Kopf sein soll, verkündet werden soll, aber eben auch mit Herz und Geist. Diese Geste fand ich sehr anregend und unterstützend für das Verkündigungsbewusstsein.

Vor der Eucharistie sagten die Bischöfe: »Wir sind Kinder Gottes und dürfen uns Kinder Gottes nennen.« Das untermalte noch einmal die Wahrnehmung der eigenen Einstellung, mit der man nun vor Gott trat und die Eucharistie empfing.

Und abschließend gesagt, traute ich mich zunehmend, einige Haltungen in der Messe einzunehmen und auszuprobieren. HALTUNG einnehmen wurde mir wichtig. Mit der Haltung formte sich innerlich zugleich mein Bewusstsein. Für mich ergab sich daraus während des Betens und der Fürbitte ein komplett anderes Gefühl, zu knien, und dabei um Vergebung zu bitten. Die Katholiken sind Meister der Haltungen. Das Gefühl, nach dem Knien wieder aufzustehen, fühlt sich sehr bewusst und intensiv an. Kein Wunder, dass im biblischen Griechisch Aufstehen und Auferstehung nur als ein Wort existiert.

Bei den Haltungen musste ich immer an die Priesterweihe denken, die ich in meinen ersten Wochen in Rom miterleben durfte. Der Priester musste sich kurz vor seiner Weihe auf den Boden legen. Hinter ihm befand sich die Gemeinde, vor ihm der Weihbischof. Erlebnisberichten zu Folge fühlen die Priester in diesem Moment wirklich, ob sie das Amt mit all seinen Einschränkungen und Versprechen wirklich antreten wollen.

BEWUSSTSEIN.

Als Pointe fällt mir ein, dass ich mich während meiner Kirchenaufsicht intensiv mit einem Priester über das Eheverständnis ausgetauscht hatte. Wir diskutierten hin und her und sprachen über gleichgeschlechtliche Partner* oder über Segnungen, über den Sinn der Liebe und unsere Urteile über Liebespaare. Am Ende des Gespräches lachte er und sagte: »Vielleicht werde ich doch evangelisch.« Innerlich war das für mich ein kleiner fröhlicher Herzensmoment und ich konnte das erste Mal die Mauern der harten Kluft zwischen katholisch und evangelisch durchdringen, ohne hinterher deprimiert zu sein.

Wir merkten während unseres Gespräches, dass wir doch viele gemeinsame Visionen verfolgten, wenn wir auch verschiedene Ansätze und Streitpunkte hatten.

Aber das war mir ja schon seit dem ersten Tag aufgefallen: Während meiner Kirchenaufsicht in der Anima erfüllte mich die Ökumene und machte mich lebendig und glücklich, weil ich nah an die Menschen herankam. Aber in unserem Ökumenekreis blieb ich immer wieder verzweifelt und demotiviert zurück, weil die Diskussionen sich immer weiter vom lebendigen und gelebten Gemeindeleben entfernten.

Feierabend in der Ewigen Stadt

In Italien gibt es zwei Arten von Feierabenden.

Der erste beginnt gegen 17:00 und 18:00 Uhr. In dieser Zeit befindet sich Italien in der Aperolzeit. Ich sehe überall plötzlich rote Drinks mit Snacks. Die Menschen wirken entspannt und fröhlich, sitzen herum und erzählen sich etwas. Es wirkt wie ein unausgesprochenes Gesetz. Der Alkohol und die Snacks leiten die Entspannung vom Arbeitstag ein und führen die Italiener* zusammen.

Der zweite Feierabend beginnt gegen 20:00 und 21:00 Uhr. In dieser Zeit wird gekocht und gegessen. Die Straßen und Restaurants füllen sich schnell. In dieser Zeitspanne ist es oft schwer, noch einen gemütlichen Platz zu finden. Aber vor diesen beiden Arten von Feierabenden sind die Italiener* in Bewegung. Gefrühstückt wird im Stehen an der Bar und das Panini zur Mittagszeit wird meist auch schnell als Mittel zum Zweck verschlungen.

Übrigens öffnen die Bars in Italien beziehungsweise in Rom auch alle sehr früh, meist ab 7:00 Uhr. Deutschland wird immer als das Land der Frühaufsteher bezeichnet, aber ich behaupte, das war gestern. In Jena gibt es kaum Cafés, die vor 7:00 Uhr öffnen, meist musste ich mir meinen Kaffee an der Tankstelle holen. Also es stimmt nicht, dass Italiener* lange schlafen.

Nach Feierabend ist es in Rom sehr schön, bei Sonnenuntergang durch die Gassen zu spazieren und den Straßenmusikern* zuzuhören, die langsam mit aufsteigender Wärme draußen lauter und fröhlicher werden. Alles leuchtet und die Wege und Menschen sind lebendig. Es ist zum Glück auch kein Problem, sehr spät noch essen zu gehen. Wenn ich länger arbeiten musste, musste ich mir keinen Stress machen. In Deutschland hatte ich oft das Problem, weil Küchenschluss oft schon gegen 21:00 Uhr ist. In Italien genieße ich das lange Leben sehr!

Vor allem, weil ich eine Freundin eines gemütlichen und warmen Abendessens bin und tagsüber nicht gerne viel und nichts Großes oder Warmes esse. Das macht mich müde und nicht mehr hungrig für den Tag. Meine Lebensart passt also anscheinend sehr gut in die mediterrane Welt.

Lebendige Geschichte in Rom

753 – Rom kroch aus dem Ei.

Als Vergleich – Tel Aviv entstand im Jahre 1909.

Demnach war ich einmal in einer sehr jungen Stadt und danach in einer sehr historischen, älteren Stadt.

Rom – Historie pur.

An der Jahreszahl lässt sich bereits erkennen, wie alt die Stadt ist, und wie viel Geschichte sich mit ihr verbindet und sie bis heute prägt. Rom ist mit einer Einwohnerzahl von 2,8 Millionen Menschen eine sehr große Stadt und hat 21 Stadtteile. Jeder Stadtteil hat eine andere Eigenart und besondere Atmosphäre.

Es ist schon wundersam, dass so ein großes Amphitheater wie das Kolosseum in den Hintergrund rückt, weil es so viele andere Sehenswürdigkeiten gibt. Durch die Macht der Päpste wurden auch immer wieder neue Kirchen erbaut, Gebäude renoviert, Straßen gestaltet und riesige Brunnen erschaffen. In den ersten Wochen wusste ich in der Stadt nicht, wo ich zuerst hinschauen sollte. Und daher gibt es so vieles, was ich gerne von meinen Eindrücken wiedergeben würde, werde mich aber in diesem Kapitel auf meine Lieblingsplätze beschränken.

Meine Lieblingskirche in Rom, die ich an dieser Stelle gerne noch einmal erwähne, ist die katholische, deutsche Kirche Santa Maria dell'Anima. Sie ist eingebaut in eine Hausfassade in der Nähe der Piazza Navona. In ihrem Inneren fand ich zwischen all den schubsenden und stressigen Menschen auf den Straßen immer die nötige Ruhe.

In Rom gibt es sehr viele Pinienbäume, die Mussolini als Zeichen der Macht und Ästhetik hat pflanzen lassen. Er wollte Rom grüner und erhabener machen. Ich muss gestehen, dass sein Plan sehr gut aufgegangen ist, denn ohne die Bäume wäre Rom um einiges trauriger. Mussolini hat auch die berühmte Straße, die Vittorio Emmanuele VI., anlegen lassen. Auf dieser breiteren und geraderen Straße konnten die Truppen ein- und ausmarschieren. Heute sind es Touristen*, die den Vorteil der breiten und großen Straße nutzen.

Natürlich kennen alle den berühmten Trevi-Brunnen. Aber wer weiß, warum dieser Brunnen Trevi-Brunnen heißt? Das wäre doch mal eine schöne »Wer wird Millionär« - Frage.

Der Brunnen heißt so, weil an ihm und auf ihn hin drei Straßen (vie) zusammenlaufen. Spannend, oder?

Nach dem Trevi-Brunnen folgt die zweite berühmte Sehenswürdigkeit, die Spanische Treppe, die nur so heißt, weil sie nach dem Spanischen Platz benannt ist.

Aber kaum jemand nimmt den Brunnen vor der Spanischen Treppe wahr.

Dieser Brunnen hat die Form eines Bootes und symbolisiert die Tücken des Hochwassers, unter denen Rom immer wieder zu leiden hatte. Ein Boot soll vom Tiber aus bis zur Spanischen Treppe durch die Wassermassen getrieben worden sein. Eine wahnsinnige Distanz und Ausdruck der Gewalt des Wassers. Aus diesem Grund wurde der Tiber in den 80er Jahren auch durch höhere Mauern tiefer gelegt.

Früher war der Fluss ein richtiger Teil der Stadt, heute wirkt er durch die Abtrennung eher wie ein Fremdkörper. Aber dafür muss Rom nicht mehr mit Hochwasser kämpfen.

Fast hätte ich das vermeintlich Wichtigste vergessen, den Petersdom. Am Anfang dachte ich automatisch immer, dass der Petersdom zu den ältesten Kirchen in Rom gehören müsse, aber der Bau wurde erst im Jahr 1626 vollendet. Der Künstler Bernini entwarf den Petersplatz und hatte auch eine bedeutsame Idee für die Kuppel des Petersdoms. Steht man vor ihm, sieht man sie nicht, aber je weiter man sich vom Dom fortbewegt, desto größer wird die Kuppel. Ziel war es, die Kuppel so oft wie möglich im Stadtbild zu erkennen und sich dabei der Macht des Doms als Ausdruck kirchlicher Macht bewusst zu werden. Die Via della Conciliazione führt zum Petersplatz und dann zum Petersdom. Es ist die Straße der Versöhnung. Sie wurde als Zeichen der Versöhnung zwischen dem Papst und der Stadt Rom gebaut und wird seit den Lateranverträgen 1929 so genannt.

Gleich in der Nähe des Peterdoms befindet sich die Engelsburg, die zu den unterschätzten Sehenswürdigkeiten gehört. Zu der Engelsburg kann sich der Papst durch einen geheimen Gang dem *passetto* retten. Im Jahr 1494 konnte Papst Alexander VI. auf diese Weise überleben.

Seit diesem Zeitpunkt beschützen 137 Schweizer Gardisten den Papst und den Vatikan persönlich. Vor der Engelsburg findet sich eine der schönsten Brücken in Rom, die Engelsbrücke. Sie ist mit Engeln verziert, die von Bernini und seinen Schülern erschaffen wurden. Jeder der zehn Engel hält einen anderen Gegenstand in der Hand.

Seit dem Jahr 1888 ist Rom nicht mehr in der Hand der Päpste und der Vatikan ist ein eigener Staat. Der kleinste Staat der Welt. Wenn ich in der Stadt Rom kriminell handle und auf die Treppen des Vatikans flüchte, darf mich die Polizei nicht mehr anrühren, ab dort ist der Vatikan für mein Schicksal verantwortlich (das als kleiner Tipp am Rande).

In Rom gibt es auch zahlreiche Kirchen, circa 900 Stück!!! Eine wahnsinnige, riesige Zahl.

Rom ist zwar mehrheitlich katholisch, weist aber dennoch eine überdimensionale Zahl an verschiedenen Konfessionen mit eigenen Kirchen auf. Wenn ich möchte, kann ich jeden Sonntag in eine andere Kirche aus einem anderen Land gehen.

Der Künstler Bernini schuf auch den wunderschönen Brunnen auf der Piazza Navona.

Den sogenannten Vier-Ströme-Brunnen, der die vier Kontinente, die ihm zu seiner Zeit bekannt waren, darstellt. Die Donau für Europa, der Ganges für Asien, der Nil für Afrika und der Rio de la Plata für Amerika. Jedes Mal, wenn ich vor diesen Brunnen stand, fühlte ich absolute Ehrfurcht vor diesem großartigen Künstler. Der Brunnen ist ein wahres Meisterwerk und steht manchmal viel zu sehr im Schatten des Trevi-Brunnens, in den alle Geld hineinwerfen. Übrigens kam es in den 2000er Jahren oft vor, dass Menschen aus rebellischer Lust und Laune in den Brunnen sprangen und badeten. Das ist heute nicht mehr so einfach. Es ist möglich, kann aber ein teurer Spaß mit bis zu 1000 Euro Strafe werden.

Neben der Santa Maria dell'Anima ist die Kirche Santa Maria Sopra Minerva auch eine meiner liebsten Kirchen. Vor ihr steht ein von Bernini erschaffener Elefant. Das Besondere an dem Elefanten ist, dass er sich zur Seite gedreht hat und eher mit seinem Hinterteil die Kirche anschaut. Das war eine kleine Machenschaft von Bernini. Denn er zerstritt sich mit den Bauleuten und konnte es niemandem recht machen. Dagegen wollte er ein ewiges Zeichen setzen. Ich finde, das ist ihm sehr gelungen.

Jedes einzelne Bauwerk in dieser großen Stadt erzählt

seine eigene Geschichte und es ist wundersam, wie lebendig und nahbar Kirchengeschichte in dieser Stadt wird.

Schon der Theologe Bonhoeffer war begeistert von seinem Auslandsaufenthalt in Rom und merkte, wie wichtig es ist, wenn Kirchen in einer Stadt präsent und öffentlich zugänglich sind. Übrigens liegt das heutige Rom fünf Meter höher als das alte Rom.

Den Unterschied kann man im Forum Romanum deutlich erkennen.

Als Frau in Italien

Das Leben als Frau in Italien kann ich nur differenziert betrachten und beschreiben. Es macht beispielsweise einen großen Unterschied, ob ich evangelisch oder katholisch bin. In meinen Vorlesungen habe ich immer wieder gemerkt, wie unwohl ich mich als Frau fühlte. Zum einen, weil kaum andere Frauen die Universität besuchten, und wenn, dann nur wenige Nonnen, und zum anderen, weil ich mich immer im Mittelpunkt des Geschehens fühlte. Ich spürte die Augen in meinem Rücken und hatte schon den ein oder anderen Gedanken, mich einfach als Nonne zu verkleiden, um etwas durchsichtiger für die mich beobachtenden Männer zu sein. Für alle die es nicht wissen: Die Katholiken, die Priester werden wollen, müssen ab dem Zeitpunkt der Priesterweihe im Zölibat leben. Während der Priesterweihe gehen sie einen Bund mit Gott ein und entscheiden sich bewusst gegen eine Frau und damit auch gegen eine Familie.

Deswegen gibt es an den päpstlichen Universitäten auch keine Frauen, die nicht Nonnen sind (außer den wenigen Protestantinnen). Das Zölibat ist eine Lebensform, die die evangelische Kirche entschieden ablehnt. Evangelische Pfarrer und Pfarrerinnen dürfen in einer Beziehung mit ihrem oder ihrer Partnerin sein, ohne dass die Beziehung mit Gott darunter leidet. Mittlerweile sind die Partnerschaften auch gelockerter als früher und es können auch unverheiratete Paare in einem Pfarrhaus mit Kindern wohnen oder gleichgeschlechtliche Paare.

Das alles ist für die katholische Kirche eine Zumutung.

Gleichgeschlechtliche Paare, Gendern, LGBTQ und auch Abtreibung werden abgelehnt.

Wie gegenwärtig ist diese Denkweise noch? Ich lasse die Frage bewusst offenstehen, weil mein Buch nicht die Vorlage für komplexe Diskurse sein soll. Ich möchte nur Denkanstöße geben und aus meinen Erfahrungen erzählen. Durch mein Studium an den katholischen Universitäten habe ich viele Studierende kennengelernt, die katholisch waren. Und ich komme immer wieder zu dem Resümee, dass ich merkte, wie sehr mir die zwischenmenschliche Interaktion, der Austausch, die diskursive Auseinandersetzung und das Gespräch zwischen Männern und Frauen fehlte. Katholiken verhalten sich immer etwas merkwürdig, zurückhaltend oder genau das Gegenteil, zu offensiv und touchy für ein Zölibat.

Beide Formen mag ich nicht. Psychologisch gesehen ist es nachvollziehbar. Woher sollen die Priesteranwärter das feine Gefühl für Kommunikation und Interaktion haben, wenn sie nur in ihren Kreisen bleiben? Wie können sie normal mit einer Frau diskutieren, wenn sie diese frauenabweisenden Gedanken verfolgen? Wie viel Kraft kostet es, diese ganzen sexuellen Reize zu unterdrücken? Wie psychisch belastend sind diese angeblich »sündhaften Gedanken«, die aber auf menschlichen Bedürfnissen von Zuneigung und Zärtlichkeit beruhen?

Dazu fällt mir eine kleine Geschichte ein, die ich in einer Quelle über Franz von Assisi gelesen habe. Dieser Mann entschied sich, den Weg der Armut, der strengen Askese und der Frömmigkeit einzuschlagen. Entgegen dem Willen seines Vaters, der ein reicher Kaufmann gewesen war. Franziskus ist der Gründer der Franziskaner.

Die Stadt Assisi in Italien erzählt dessen Geschichte anhand zahlreicher Kirchen, eines Klosters und anhand von Gebäuden.

Franz selbst schien ein perfekter Mönch gewesen zu sein, der versuchte im Gehorsam, Gott gegenüber zu leben. In der italienischen Stadt Assisi wird er wie ein Superheld der Gegenwart dargestellt. Aber als ich tiefer in den Quellen forschte und mit anderen Mönchen redete, stieß ich auch auf trauernde Inhalte über seine unterdrückten Reize. Er schämte sich dafür, aber er konnte seine Erektionen nicht unterbinden. Einmal war er so verzweifelt, dass er sich stundenlang im kalten Schnee wälzte, um wieder den Zustand der Askese und Reinheit zu erlangen, fernab von sündhaften, sexuellen Gedanken. Oh je, das tut mir echt leid. Und gleichzeitig reagiere ich mit Unverständnis darauf, dass es in der Gegenwart immer noch so ist.

Aber du erinnerst dich: *Ex cathedra.*

Ansonsten ist das Leben als Frau in Italien auch sehr europäisch und selbstbewusst geprägt und ich finde kaum Unterschiede. Außer einem – die besondere Mutter-Sohn Beziehung. Italienerinnen lieben ihre Tochter, aber der Sohn wird immer einen besonderen Status haben, das gilt auch umgekehrt. Ich glaube, wenn ich als Partnerin ein Problem mit der italienischen Mutter habe, wird die Beziehung nicht lange halten. Mama kocht am besten, Mama ist immer da, Mama ist alles. Nach der Mutter kommt dann gleich Maria als bedeutende Heilige, die überall verehrt wird und ikonisch massenhaft dargestellt ist. Für mich ist die katholische Kirche immer wieder etwas verwirrend und paradox. Die Priester dürfen keine Partner* haben, aber dafür lieben sie ihre Maria über alles. Eine Frau spielt neben Jesus eine so große Rolle, aber dennoch werden

Frauen im Priesteramt strikt abgelehnt, aber die Nonnen dürfen den Kirchendienst machen.

Oft sind Frauen in der katholischen Kirche Seelsorgerinnen.

Interessante Problembehebung - es scheint trotzdem immer wieder bewusst oder unbewusst auf die Frau hinauszulaufen.

Es sind interessante Verknüpfungen von Beziehungen, die sich fernab von unserem nicht katholischen Beziehungsbild abspielen.

Aber nicht verzagen, wir verfolgen das Ganze gespannt weiter und schauen, was passiert. Spoileralarm: erstmal nichts, weil die Unfehlbarkeit des Papstes nicht angerührt werden darf und die Probleme von Missbrauch, Unterdrückung und Gewalt erstmal leider nur aufgeschoben und nicht in der Wurzel bearbeitet werden. An dieser Stelle möchte ich bewusst erwähnen, dass es auch in der evangelischen Kirche sexualisierte Gewalt gibt und die EKD-Synode 2022 dieses Thema auch ausführlich mit behandelt hat und nicht außer Acht lassen will. Wir sind alle Menschen, und keine* ist perfekt. Ob evangelisch, katholisch und so weiter. Ich denke, dass Wichtigste sollte es sein, Fehler als christliche Gemeinschaft nicht zu verbergen und zu verdrängen, Gott sieht sowieso alles.

LGBTQ (LESBIAN, GAY, BISEXUELL, TRANSGENDER, QUEER)

Achtung! Wiederholung sensibles Thema! ;)

Das kunterbunte Leben in Tel Aviv mit Toleranz und Vielfalt ist in Rom hinter den Mauern des Vatikans eher eine Sünde und ein Abkommen vom richtigen Wege – ähnlich wie in Jerusalem.

Der Papst hat im Jahr 2023 sogar eine Kampagne gegründet, die die Menschen zurück in die alten Wertvorstellungen weisen und die Familienkonstellation erhalten soll.

Als ich mich mit Italienern* unterhielt, betrachteten sie das Thema LGBTQ abwertend und zeigten sich sehr konservativ. Auch in Bezug auf das Gendern lachten sie nur und weinten gleichzeitig, weil sie den Singsang ihrer Sprache so liebten. Die LGBTQ- Szene ist in Rom sehr klein und breitet sich eher in entfernteren Städten in Richtung Neapel aus. Der Vatikan bestimmt in Rom die Wertvorstellungen und -richtungen.

Ich finde das Thema sehr, sehr schwierig und versuche immer, alle Seiten zu verstehen und lösungsorientiert zu denken. Ehrlich gesagt, schwanke ich mit den ganzen Orientierungen auch immer zwischen Toleranz und Übertreibung. Akzeptanz ist sehr gut und wichtig, aber die radikalen Richtungen sind niemals der Weg, um alle an die Hand zu nehmen.

Was wäre denn am besten? LGBTQ verhält sich stiller? Dann wäre unsere Aufklärung und unser Wissen jetzt nicht so ausgeweitet und vielleicht würden uns die Worte queer und transgender immer noch fremd sein.

Ich glaube, eine bessere Lösung wäre weniger Druck, mehr Lockerheit und nicht immer so eine vorwurfsvolle Art, die jeden Heteromenschen verunsichert.

Gerade die älteren Menschen wissen nicht mehr, wie sie sich ausdrücken sollen und dürfen und kommen bei den ganzen Themenstellungen nicht mehr hinterher. Müssen sie überhaupt hinterherkommen? Wäre es wichtig, dass Oma Gerta aus dem oberen Kapitel genau weiß, was LGBTQ ist? Ich glaube wichtiger wäre, dass sie keine AfD wählt und sich durch die übertriebenen Tiraden aus Angst in die konservative Bahn zurücklenken lässt und ihren Hass auf andere Orientierungen und Menschen ausweitet.

Aber neben Oma Gerta haben wir noch das Oberhaupt der römisch-katholischen Kirche, den Papst. Ich glaube, dieses Thema wird in Rom nicht richtig aufgenommen werden, solange die Frauen noch eine mindere Rolle spielen und die Unfehlbarkeit des Papstes gilt.

So konservativ es klingt: Im Vatikan wird sich diesbezüglich so schnell nichts ändern, auch nicht in Richtung Akzeptanz.

Die Italiener* bleiben erstmal auf der konservativen Seite und werden ihr Sprachbild so schnell nicht verändern. Eine Gay Parade, wie in Tel Aviv an der Strandpromenade, wird nicht durch den stolzen Gang der Schweizer Garde ersetzt werden. Obwohl schon allein die Vorstellung ein Lächeln in mein Gesicht zaubert.

Glaubensleben in Italien

Wie sich aus den vorherigen Kapiteln schon erahnen lässt, ist Italien zum größten Teil katholisch geprägt. Um in der Macht der Zahlen zu sprechen, gehören über 80% der italienischen Bevölkerung der katholischen Kirche an.[4] Im Vergleich sind es in Deutschland 27,2%.[5]

Die Zahl hat einen erheblichen Einfluss auf das italienische Leben, ähnlich wie in Israel mit den Juden*. Es fängt bei kirchlichen Feiertagen an und hört in den lebendigen Städten voller Kirchengeschichte auf. In Italien sind die Kirchen an vielen Orten präsent und stark vertreten.

Aber neben der katholischen Dominanz gibt es, wie schon erwähnt, auch eine Vielfalt von anderen Konfessionen. Das wurde mir auch erst in Rom bewusst. In der ewigen Stadt gibt es zum Beispiel über 15.000 Chinesen* und über 55.000 Muslime*, dazu kommen auch noch zahlreiche Anglikaner*, die protestantische Kirche der Waldenser* und viele mehr.[6]

In Italien besteht ein anderes Kirchensteuersystem als in Deutschland. Der sogenannte *otto per mille*. In diesem System kann der oder die Steuerpflichtige selbst entscheiden, an wen die Abgabe, also 8% der Lohn- oder Einkommenssteuer, gehen soll. Es besteht die Auswahl zwischen einer Kirche, Religionsgemeinschaft, gemeinnützigen Vereinigungen oder beispielsweise auch an den Staat. Somit hat jeder* Bürger* eine größere Freiheit und es entsteht gleichzeitig auch eine bewusste Entscheidungsmöglichkeit, welche Vereinigungen oder Gemeinschaften gefordert werden sollen. Ich wohne zum Beispiel in dem Studierendenwohnheim der Waldenser.

In Italien ist sie die größte protestantische Vertretung. Bürger*, die nicht mehr die katholische Gemeinschaft unterstützen wollen, entscheiden sich deshalb oft für die Waldenser als »entgegengesetztem Pol«.

Pizza und Pasta

In Israel sind es Hummus und Falafel, in Italien sind dafür die beiden unschlagbaren Sieger Pizza und Pasta. Für mich als Deutsche ist es immer wieder sehr ungewohnt, dass die Italiener* Pasta als Vorspeise essen und im zweiten Gang dann Fleisch oder Fisch. Damit komme ich immer noch nicht richtig klar. Viele tun sich deswegen sehr schwer mit den »kleineren« Portionen in Restaurants an Pasta, weil dazu immer noch ein zweiter Gang oder eine Beilage gehört. Kleiner Geheimtipp: ich bestelle mir meist noch verdure grigliate dazu, so kann ich die Portion gesund und lecker vergrößern. Gerade in Rom kommt es sehr stark darauf an, wo man seine Pasta isst. Von 6 Euro bis 25 Euro ist alles drin.

Dazu fällt mir eine kleine Geschichte aus dem Urlaub mit meiner Freundin Hanni ein.

Wir waren in der Stadt Neapel unterwegs und hatten uns den ganzen Tag hinauf zu den Burgen, hinunter zum Meer und durch die Straßen bewegt. Abends waren wir dann erschöpft, hangry (hungry+angry = hungrig und passiv aggressiv). Wir wollten nur noch irgendwo sitzen und ein leckeres, wohl verdientes Essen genießen. Wir schauten nach, was sich in unsere Nähe befand, und entdeckten eine Gnoccheria, nur zwei Kilometer weit entfernt.

Zu diesem Zeitpunkt wussten wir nicht, dass wir für dieses Restaurant unendlich viele Treppen herunterlaufen mussten, weil wir vorher auf der Burg den Sonnenuntergang genossen hatten. Wir liefen bestimmt über 45 Minuten nur Treppen. Und ich sage dir, das macht das zentrale

Nervensystem einfach nur kaputt. Irgendwann konnten wir uns nicht mehr auf die Treppen konzentrieren, weil auch kein Ende in Sicht war, aber wir hielten durch. Immer die Motivation der Gnoccheria vor Augen. Als wir dann endlich unten angekommen waren, fanden wir das Restaurant. Ich machte den großen Fehler, etwas mit Fleisch zu bestellen, und bekam so eine Art Wildrind mit Gnocchi in einer Wildrindsoße. Ich habe noch nie so traurig vor einer Portion Gnocchi gesessen, die Portion war sehr klein, teuer und die Soße absolut ungenießbar.

Hanni machte es schlauer und bestellte, wie so oft, die leckerere Variante von uns beiden, ganz einfach mit pomodoro und basilico, da konnte sie nicht viel falsch machen. Ich gehöre leider auch zu den Personen, die sich oft das Falsche bestellen, und dann finde ich das von meinen Freunden* immer leckerer. Ach ja.

An diesem Abend war ich sehr frustriert. Es ist eine mittlere Enttäuschung, wenn man den ganzen Tag hungrig ist und sich auf ein besonderes Essen freut, und dann schmeckt es nicht. Ich weiß, für manche klingt es unverständlich. Aber für mich spielt die abendliche Belohnung mit dem Genuss eine große Rolle. Hanni wird die Zeilen jetzt vermutlich lesen und lachen.

Aber ab diesem Moment lernte ich, Gerichte mit weniger Fleisch zu bestellen und dafür lieber vegetarische Varianten, weil die sehr sicher immer gut schmecken.

Ein Freund von mir sagte einmal zu mir: »Valli, reiß dich zusammen, heute schmeckt es nicht, aber dafür hast du morgen wieder eine leckere Mahlzeit.«

Stimmt!

Trotzdem muss ich gestehen, dass ich mir vorher in Deutschland nie Pasta bestellt habe, weil ich immer der

Meinung war, dass ich beim Essen gehen etwas bestellen möchte, was ich zu Hause nur selten oder nicht so gut zubereiten kann. Da wurde ich in Italien eines Besseren belehrt. Es lohnt sich sehr. Die Pasta ist al dente, nicht in Soße ertränkt, und hat diese perfekte Harmonie aus Gewürzen und Parmigiana. Aber bitte niemals die Pasta mit einem Löffel essen oder mit einem Messer zerschneiden. Die wertvolle Portion sollte angemessen und elegant mit einer Gabel eingedreht werden.

Neben der Pasta ist die zweite Lieblingsspeise die Pizza.

In Italien gibt es drei verschiedene Arten von Pizze. Richtig gelesen, die Mehrzahl von Pizza ist nicht Pizzas, sondern Pizze.

Es gibt die römische Pizza mit einem knusprigen, dünnen Rand, dann die napoletanische Pizza mit einem fluffigen Rand, so wie wir sie auch in Deutschland bei vielen Italienern* kennen, und als letzte Variante die Pinsa. Die Symbiose aus beiden. Pinsa soll die altrömische Variante der Pizza sein und schmeckt auch sehr vorzüglich. Sie hat einen leicht knusprigen, aber nicht zu großen Rand und der Teig ist etwas dicker, aber dafür sehr smooth. Übrigens bekommst du in Italien niemals Ananas auf einer Pizza. Für die Italiener* ist das wohl unsere größte deutsche Geschmackssünde. Neben Pizza und Pasta gibt es natürlich noch sehr viel mehr an Nahrungsmitteln und Besonderheiten. Aber diese beiden Varianten solltest du in Italien unbedingt genießen.

Fahrradfahren ist was für Opfer

»Fahrradfahren ist was für Opfer!«, diesen Satz sagte eine Freundin aus Rom zu mir.

Am Anfang meines Auslandssemesters besorgte ich mir sofort ein Fahrrad, weil es wohl kaum ein besseres Fortbewegungsmittel für die Stadt gibt, um von A nach B zu kommen.

Aber da hatte ich noch keine Ahnung, wie Rom tickt. Diese riesige Stadt voller Touristen*, Schaulustigen und Einheimischen kennt keine Rücksicht oder Vorsicht, erst recht nicht auf der Straße. Zwischen Vesper und Mopedfahrer*, Bussen und Auto, versucht das Fahrrad einfach nur zu überleben. Aber es ist noch gefährlicher als in Tel Aviv, weil die Straßen überfüllt, hektisch und voll sind. Auf den Fußweg konnte ich auch nie ausweichen, weil da zu viele Touristen* im Weg standen. Dazu kamen in Rom noch die vielen Steigungen und Berge und die schlecht erhaltenen Straßen. Rom ist mit seinen sieben Hügeln und den schlecht erhaltenen Wegen eine grandiose Stadt für Mountainbiker*. Aber ein solches Rad würde mir vermutlich nach drei Minuten gestohlen werden. Kurz gesagt: Ich gab das Fahrradfahren nach einem Monat auf, weil ich so oft gerammt wurde und es mehrmals ein Stückchen mehr als knapp war. Dazu kam, dass ich es zeitlich leider ohne die Metro nicht mehr schaffte, meine verschiedenen Universitäten zu erreichen. Bevor ich meine Vorlesungen besuchte, machte ich mich jeden Tag auf ins Gym, dafür war ich jeden Morgen 45 Minuten lang unterwegs.

Das erste Mal in meinem Leben merkte ich, wie viel Energie es mich physisch und psychisch kostete, jeden Tag diese langen Wege zurückzulegen. Jeden Tag bei Termini umsteigen, geschubst werden und hektisch aufpassen, dass mir niemand etwas stahl. Wenn ich nach der Uni entspannt zurücklaufen wollte, standen die Touristen* mit zunehmendem Sommer immer mehr im Weg und mit jedem weiteren Menschen wurde ich immer genervter. Ich fühlte mich ausgelaugter, gestresster und energieloser. Immer im Wettlauf mit der Zeit.

Das war auch der Grund, warum ich häufiger krank war. Viele Menschen bedeuten auch viele Bazillen und Viren. Im Januar, Februar und März warfen mich die Infekte immer wieder zurück. Ich durchlitt ständig langanhaltende Erkältungen, weil ich mich auch nie ausreichend schonen konnte. Denn mein Zimmer ohne warme Dusche und Geborgenheit war kein Zufluchts- und Erholungsort für mich. Ich wollte so wenig wie möglich im Haus und so viel wie möglich in der Stadt sein. Aber in der Stadt hatte ich oft Tage, an denen ich verstand, warum manche Menschen andere Menschen hassen.

Aber zurück zur Fortbewegung: Die größten Gewinner* der Straße und des schnellen Vorankommens sind die Vespa und die Mopedfahrer*. Sie schleichen sich überall durch und finden auch immer einen Parkplatz in der Stadt. Sie sind flink und fröhlich, weil es vermutlich sehr viel Spaß macht, so durch die Stadt zu düsen. An meinem letzten Tag in Rom wollte ich mir auch noch sehr gerne eine Vespa leihen und einfach mal unverschämt durch die Straßen fahren, hupen und lachen.

Die Stadt Rom ist wie Tel Aviv auch sehr bekannt und beliebt fürs Joggen. Mehrmals im Jahr gibt es große Events mit Marathon- und Streckenläufen. Teilweise wird sogar die ganze Stadt abgesperrt und es richtet sich alles nach den Linien des Laufens. Die Strecken sind ein Träumchen. Durch die Geschichte Roms hindurch mit der Energie der anderen Teilnehmenden. Leider ist der Sport des Joggens nicht meins. Ich spüre das Runners High nicht, sondern stattdessen akute Erschöpfung und Gelenkschmerzen. Aber wie ich immer so schön betone, jede und jeder muss seinen oder ihren eigenen Sport finden. Ich schaue mir gerne alle anderen Events an und freue mich immer wieder, wenn Menschen in Bewegung kommen – egal wie, Hauptsache Bewegung, Körperlichkeit und Freude.

Jüdisches Viertel in Rom

Versteckt und verborgen, etwas abgelegen, aber trotzdem edel und präsent: das jüdische Ghetto in Rom. Von Papst Paul IV. 1555 angeordnet, hatte es die Funktion wie alle anderen Ghettos. Die Juden und Jüdinnen sollten alle etwas abgeschieden in einem bestimmten und überwachten Bereich leben und durften keine Geschäfte führen.

Trotz vieler Schwierigkeiten gibt es das Jüdische Viertel heute immer noch und ist von beeindruckender Präsenz und Magie. Es wirkt intelligent, freundlich und menschenzugewandt.

Die Juden* waren seit dem 2. Jahrhundert v. Chr. ein fester Bestandteil der römischen Bevölkerung und unterstützten diese auch in militärischen und wirtschaftlichen Angelegenheiten. Deswegen bekamen sie auch in jener Zeit das römische Bürgerrecht.[7]

Aber wie es der Verlauf der Geschichte leider so will, wurden die Juden* zu einflussreich und beliebt, und die Römer spürten eine große Konkurrenz und begannen dagegen vorzugehen.

Eine große Anzahl an Juden* wurde deswegen nach Sizilien abgeschoben. Diese jüdische bunte Kultur ist heute noch auf der italienischen Insel zu finden. Einige behaupten sogar, dass neben dem Land Israel die Insel Sizilien die größte Anzahl an israelischen Bürgern hat.

Die Insel ist ähnlich wie die Stadt Tel Aviv auch von einer arabischen Komponente geprägt. Der Dom in Syrakus beispielsweise wurde einmal als Tempel, dann als Moschee und schließlich danach erst als Kirche genutzt. Diese kulturellen Einflüsse findet man in vielen Ecken und Gassen Siziliens. Das Essen geht von arabisch, afrikanisch, israelisch bis italienisch und genauso spiegelt sich auch das Stadtbild wider. Das liegt zusätzlich daran, dass seit einigen Jahren viele Flüchtlinge auf die Insel gelangen, und die Sizilianer* sich auf viele Flüchtlinge einstellen mussten und immer noch müssen.

Aber zurück nach Rom.

Für mich ist das Ghetto ein kleines Gefühl von Tel Aviv. Die große Synagoge, die kleinen Restaurants, die vielen Menschen mit Kippa (Symbol für die Juden, Kopfbedeckung) und leider auch die polizeiliche Überwachung. Die Juden und Jüdinnen können sich auch in der Gegenwart nicht überall sicher fühlen und gerade in solchen Vierteln ist die Angst und Gefahr vor einem Anschlag sehr groß.

Das Ghetto ist sehr klein, aber immer eine Begegnung wert. Du kannst lecker koscher essen gehen oder die kleinen Läden mit jüdischen Souvenirs bestaunen. Neben den Restaurants gibt es auch noch eine hervorragende jüdische Bäckerei, die viele besondere und einzigartige Köstlichkeiten anbietet. Man erkennt die Bäckerei an der langen Schlange vor der Tür.

Die Menschen wissen eben, wo es am besten schmeckt.

Titusbogen und Kolosseum

Der Titusbogen liegt in dem Bereich des Forum Romanum und erinnert heute an den Eroberer Titus über das Land Jerusalem und gleichzeitig auch an die Macht der Römer* über die Juden*. Diese Eroberung geschah im Jahre 70 n. Chr. und machte somit alle Juden* zu entmenschlichten Sklaven*.

Und wer kennt das Kolosseum von Rom nicht? Der Inbegriff eines Wahrzeichens der lebendigen Stadt. In das Kolosseum strömen tagtäglich tausende von Menschen und bewundern dieses gut erhaltende und riesige Gebäude.

Das Kolosseum wurde innerhalb von sieben Jahren erbaut, eine sehr kurze Zeit, wenn man den riesigen Aufwand ohne maschinelle Hilfe betrachtet.

Was viele nicht wissen, ist, wie das Kolosseum finanziert wurde. Einer der Erbauer, Vespasian, unterstütze den Bau großzügig. Aber woher nahm er all die finanziellen Mittel?

Vespasian bezahlte das Kolosseum mit den Geldern, die er für die Güter bekam, die er von den Juden* zu jener Zeit gestohlen hatte, nachdem er und sein Sohn Titus Jerusalem bekämpft hatten.[8] Diese Hintergründe sollten wir uns verdeutlichen, wenn wir voller Staunen vor diesem großartigen Gebäude stehen. Die Finanzierung macht mir in meinem Herzen bewusst und sensibilisiert mich, wie so oft, für die Geschichte der Juden*. Mir wird dann jedes Mal deutlich, wie sehr sie verdrängt wird oder man sie einfach nicht kennt. Besser gesagt: Wie oft die Juden* an wirkmächtigen Dingen beteiligt waren, die aber oft verschwiegen werden.

Mit dem jüdischen Viertel, dem Titusbogen und der jüdischen Katakombe (Villa Torlonia) können Touristen* die geschichtlichen Abläufe und Schwierigkeiten der Juden* in anderen Ländern nachfühlen und nachvollziehen.

Einerseits versetzen mir solche Gegenden und Monumente immer wieder einen Stich ins Herz.

Andererseits ist es aber wundervoll anzusehen, mit wie viel Liebe und Lebendigkeit die Juden* ihre Länder fruchtbar und wundervoll gemacht haben und wie sie so viel Bereicherung in die einzelnen Städte bringen und gebracht haben. Nicht umsonst gehört Tel Aviv zu den teuersten Städten der Welt und kann sich vor Tourismus und Überbuchungen kaum retten.

Jeder*, der schon einmal in diesem Land war, wird dieses Gefühl der Freiheit und Liebe niemals vergessen, weil es echte Gefühle sind. Es sind die vernarbten, aber dennoch liebevollen Gefühle, die versuchen, die Welt nach dieser bewegten Vergangenheit besser zu machen.

Reisetipps Italien

Meine Reisetipps für dieses großartige Land halte ich wieder kurz und prägnant, weil Italien sowieso zu den beliebtesten deutschen Urlaubszielen gehört:

- **Neapel, Vesuv und Pompei (diese drei Orte kann man perfekt an einem verlängerten Wochenende besuchen und erleben, aber Vorsicht: Neapel wirkt für viele etwas abschreckend und ist auch gefährlich, wenn man in den falschen Ecken ist. Neapel ist eine lebendige und echte Stadt, aber definitiv nicht die Schönste. Sie ist für mich eher Mittel zum Zweck, weil man von ihr aus viele Inseln wie Capri, den Vulkan Vesuv oder die alte Stadt Pompei erreichen kann)**
- **Pescara, eine Stadt am Meer, touristisch nicht so überfüllt mit einer lebendigen Innenstadt und einem guten Preis-Leistungsverhältnis**
- **Venedig (solange es noch geht und du 5 Euro Eintrittsgeld zahlen willst)**
- **Bologna (Universitätsstadt)**
- **Verona**
- **Ravenna (wer viele Mosaike mag)**

- **Assisi**
- **Turin (eine sehr moderne Stadt im Norden)**
- **Sizilien**
- **Termoli**
- **Apulien**

Israel und Italien, nicht nur das »I« ist gleich

La Famiglia

In Tel Aviv und Rom wirkte auf mich immer eine andere Harmonie und Präsenz von Familien, als ich es in Deutschland wahrnehme. Am Sabbat traf sich die ganze Familie, um die gemeinsame Zeit zu genießen, es wurde gegrillt, gelacht und Unternehmungen gemacht. Überall sah ich große Scharen von Familien über mehrere Generationen hinweg. In Rom war es ähnlich. Gewohnheitsmäßig fahren die meisten Italiener* an den Feiertagen aus der Stadt zu ihren Familien und genießen die gemeinsame Zeit. Auch am Wochenende sieht man die Kinder mit ihren Eltern im Park spielen und lachen. In Deutschland nehme ich die Stärke der Familie als nicht so präsent und lebendig wahr. Natürlich sehe ich oft Familien im Park oder an den Wochenenden, aber nicht viele und meist nie größere Familienverbände über Generationen hinweg. Woran liegt das? Ist in Deutschland die Mobilität schneller angewachsen, weshalb die Generationen und unsere Familienangehörigen meist mehrere Kilometer auseinander wohnen?

Oder sind wir es einfach nicht gewohnt, den Großteil unserer Freizeit mit der Familie zu verbringen? Ein kleiner Grund könnte garantiert auch unser Gesundheitssystem sein. Durch die Projekte *betreutes Wohnen* oder die Wahl des Altersheims, wird es in Deutschland immer seltener, dass sich Kinder um ihre Eltern kümmern. Das ist zum einen eine sehr große Entlastung, aber dennoch auch eine Belastung für die Intensität in den Beziehungen. Ich bin mir sicher, dass Italiener* und Israelis sich der Kraft und Bedeutung der Familie bewusster sind als die meisten in Deutschland. Mein Vater hat immer zu mir gesagt: »Vergiss nie Valentine, egal welche Freunde dich hintergehen oder anlügen, du hast stets deine Geschwister auf deiner Seite, diese Kraft ist die Größte unter allen Beziehungen.« Und ja, Papa da hast du recht! Obwohl das Leben in der Beziehung oft auch anstrengend und kompliziert ist, weil verschiedene Welten und Lebensansichten aufeinandertreffen, so ist es doch wundervoll, eine Familie haben zu dürfen. Aber die Kraft in der Familie wird uns nicht geschenkt.

Es ist wie in allen echten und lebendigen Beziehungen. Ich muss mich mit meiner Familie auseinandersetzen, diskutieren und den anderen auch in den schwierigen Zeiten beistehen.

Das macht nicht immer Freude und ist auch sehr oft nervenaufreibend, aber die Auseinandersetzung miteinander wird belohnt durch die Intensität der gegenseitigen Beziehung.

Weil wir in unserer Familie zu sechst sind und sehr oft mit verschiedenen Ansichten und Problemen aneinandergeraten, haben wir uns für einen *Familienrat* entschieden.

Er funktioniert so: Wenn jemand von uns ein großes Problem hat, wie zum Beispiel ein Wechsel des Studiums erwägt oder gesundheitliche Untersuchungen vor sich oder Geldnot hat, dann kann jedes Mitglied in der Familie diesen Rat einberufen und alle treffen sich zu einem Termin. Eine Sitzung darf nicht länger als 90 Minuten dauern, und wird mit Hilfe eines Protokolls festgehalten. Dieser Familienrat hat für uns den Vorteil, dass Diskussionen nicht untereinander einzelne Familienmitglieder zerreißen, sondern in offener Runde reflektiert und bearbeitet werden. Ebenso weiß jede* von uns, dass die Familie da ist, falls es einen notwendigen Anlass für eine Sitzung gibt. Ach ja, und der größte Vorteil sind die Dauer und Effektivität der Sitzung. Denn oft sind ganze Sonntage bei Familie Weigel in Diskussionen zerstört wurden, weil Euphorie, Aufregung und Wut sich bekanntermaßen ins Unendliche bewegen können und nur selten zu einem Ziel führen. Deswegen gehen bei Elon Musk Sitzungen nie länger als 45 Minuten. Höhere Konzentration. Geringere Dauer. Mehr Effektivität.

Vielleicht halten Italiener* und Israelis ihren Familienrat jedes Wochenende oder benötigen ihn nicht, weil ihre Beziehungen konsistenter und intensiver sind, aber für uns ist es ein Segen in Bezug auf gemeinsame Stärke und Vertrauen in unsere Familie.

Die Intelligenz des Schwarms

Die »Schwarmintelligenz« existiert in jeder Menschenansammlung und wird meist bei Entscheidungsfindungen aktiv. Das Besondere ist nur, dass sie in jeder Kultur anders wirkt und wirksam ist.

In Israel und Italien ist es ganz oft so: Die Ampel ist rot, kein Auto kommt, einer läuft rüber, Schwups, alle anderen hinterher. Ein Krankenwagen kommt mit Blaulicht und Sirene, keine* bildet eine Rettungsgasse. Ich denke nicht aus Bosheit, sondern einfach, weil es keine Ordnung in dem System gibt. Eine* hupt, alle fangen an zu hupen. Frei nach dem Motto: Der oder die Stärkere oder in diesem Fall auch Lautere gewinnt.

Das gleiche Motto existiert auch in der Metro. Eine* drängelt sich bis ganz vor, alle anderen drängeln nach.

Ich verfolge die Schwarmintelligenz voller Begeisterung und Bewunderung.

Sie wirkt jedes Mal wie eine Legitimierung, wenn eine* etwas Unerlaubtes tut, dass es dann alle anderen auch nachmachen. Die Schwarmintelligenz gibt es auch bei regelkonformen Verhaltensweisen, wie das Warten in der Schlange oder an der Ampel. Aber es macht doch immer erst Spaß, wenn es ein kleines bisschen verboten ist.

Der Adrenalinkick hält den Alltag lebendig, wenn man frech und flink Fahrrad fährt.

Ich glaube, wir alle haben es im Blut. Es schlummert in uns, über rote Ampeln zu laufen, zu hupen oder zu drängeln. Wir wollen so oft die Ersten sein und haben Angst vor Stillstand und wollen nicht sinnlos Zeit mit Warten verbringen.

Aber vielleicht sollten wir trotzdem die Zeit des sinnlosen Wartens aushalten. Ich versuche mich des Öfteren darin, nicht mein Handy herauszuholen, wenn ich ein paar Minuten auf die Metro warten muss. Oder einfach mal stehenzubleiben, wenn die Ampel rot ist und trotzdem kein Auto kommt. Psychologen* sind der Meinung, dass in diesen Minuten Kreativität entsteht. Die Gedanken wandern durch den Geist und bekommen Luft und Lust, existent zu werden.

Die Gedanken und Ideen werden nicht erstickt oder getötet von Instagram oder Facebook, sondern können in der Kraft des Wartens beweglich werden.

Probiere es mal aus, schenk dir die Zeit des Wartens, und unterdrücke den Drang der Massenintelligenz.

Plastiktüten und Mülltrennung

In Deutschland bekomme ich an der Kasse seit dem Jahr 2021 keine Plastiktüte mehr angedreht, sondern muss sie mir entweder selbst kaufen oder meine Sachen ohne Tüte hinausbalancieren. Seit diesem Gesetz habe ich mir angewöhnt, einen Stoffbeutel im Rucksack dabei zu haben, und er kam auch schon oft zur Geltung. In Israel und Italien ist die Plastiktüte ein völlig normaler Wegbegleiter.

In Tel Aviv war ich immer zutiefst erschrocken, weil wirklich alle kleinen Dinge in separate Plastiktüten eingepackt wurden, die Israelis haben eine richtige Plastikbeutelsucht. Ein voller Einkaufswagen mit mindestens 30 Plastiktüten.

In Rom ist es ähnlich, alles wird in Plastiktüten gepackt, und ich habe noch keinen Römer und keine Römerin mit einem Stoffbeutel gesichtet. Das ist so furchtbar ungewohnt und eine Plastiktüte fühlt sich für mich noch immer leicht kriminell und schuldbeladen an.

Das Gleiche gilt für die Mülltrennung: In Tel Aviv und Rom wird vordergründig immer nur so getan, als gebe es eine Mülltrennung, aber die beiden I-Völker schmeißen meist alles zusammen in eine Tonne und machen sich keine weiteren Gedanken dazu. Übrigens gibt es auch kein Pfandsystem bei Flaschen und Dosen. Jedes Mal ist es für mich ein komisches Gefühl, meine Flasche in den Müll zu werfen oder den Müll nicht wirklich zu trennen.

Warum wird das in diesen und vielen Ländern nicht durchgesetzt, was in Deutschland schon so verständlich und normal ist?

In Rom existieren auch keine kleinen Mülltonnen pro Haushalt, sondern mehrere Container in einem Viertel. Das weiß ich deswegen, weil ich selbst intensiv erlebt habe, wenn diese Punkt 23:45 Uhr unter meinem Fenster voller Kraft und Lautstärke entleert wurden. Für mich macht es also keinen Sinn, davor einschlafen zu wollen. Übrigens gibt es für Glasflaschen auch kein Einwurfgebot. Das darf zu jeder Zeit passieren und am liebsten sonntags oder nachts, wie ich hautnah miterleben durfte.

Ich hätte nie gedacht, dass mich in meinem Leben solche Regeln einmal beschäftigen oder sie plötzlich so präsent sein würden, aber sie machen absolut Sinn und könnten auch gerne in diesen beiden Ländern eingeführt werden. Ob ich daran glaube? Eher nicht.

Aber denk einfach das nächste Mal an mich, wenn du deine Mülltonnengebühr zahlen musst, und sauer darüber bist. Ich verspreche dir, es ist für dich und unsere Umwelt der bessere Weg!

Regen und Winter in Tel Aviv und Rom

Am Anfang meiner Auslandsjahre dachte ich, dass Kälte mein letztes Problem sein würde.

Italien und Israel sind Synonyme für Sommer und Sonne, nur Deutschland steht für mittelmäßiges Wetter. Aber in diesen Punkten wurde ich eines Besseren belehrt.

In den beiden Ländern verlebte ich die härtesten und kältesten Wintertage meines Lebens.

Es regnete sehr viel, anstatt zu schneien und die Städte zerbrachen förmlich am Dauerregen.

Die Gullideckel funktionierten nicht, die Straßen und Wege waren überschwemmt, die Busse fielen aus und selbst die Metrostationen waren nass. Ich bereute es mehr als einmal, dass ich mir keine Gummistiefel gekauft hatte, weil ich immer optimistisch hoffte, dass diese Zeiten nicht so lange anhalten würden. Aber die Monate Dezember bis Februar waren Chaos pur.

In Rom bringt es sogar Unglück seinen Regenschirm zu früh zu öffnen, weil man damit die vereinzelten Tropfen schon pessimistisch in Regen verwandelt.

Weil die beiden Länder meist auch keine guten Heizsysteme haben, war es in den Universitäten und Wohnungen auch immer fürchterlich kalt. Es zog förmlich durch alle Ecken und in Tel Aviv regnete es sogar mehrmals in mein Zimmer hinein. Meist schlief ich mit Jacke und Mütze, weil ich so verzweifelt war. Leider hatte ich auch keine heiße

Dusche, mit der ich mich hätte aufwärmen können, deswegen verfolgte mich dieses innere kalte Gefühl durch die Tage hindurch. Und ich dachte, Israel und Italien wären die Softvarianten eines Auslandsjahrs.

In den Städten funktionierte auch kaum was bei den Wetterzuständen. Hast du schon einmal versucht, mit einem Regenschirm in Rom voranzukommen? Es ist unmöglich.

Überall schubsen dich die Menschen mit ihrem Regenschirm zur Seite oder rammen dich.

In Rom brauchte ich sehr starke Nerven und viele Trainingseinheiten, um keinen Nervenzusammenbruch zu bekommen. Nass geht noch, kalt geht auch halbwegs noch, aber nass und kalt ist für mich die schlimmste Kombination.

Die Wintermonate zogen sich in beiden Städten auch unglaublich in die Länge. Ich stellte erst fest, wie »hässlich« Rom ist, als es immer regnete und grau war.

In diesen Monaten ging ich öfter in Museen und versuchte mich mit einem Zwiebeloutfit in der Bibliothek zu konzentrieren. Aber es war unglaublich anstrengend.

Ich glaube, seitdem habe ich eine noch viel größere Furcht vor Kälte, und traue auch meist den Sonnenstrahlen nicht, sondern nehme noch immer meine Jacke überall mit hin, auch wenn es eigentlich warm genug ist. Aber Hand aufs Herz, Rom und Tel Aviv, ihr könntet euch ruhig um ein gutes Heizsystem kümmern, ich bin mir sicher, dass es nur wärmende Zustimmung von allen geben wird. Dazu fällt mir auch noch eine kleine Geschichte ein, die ich mit meinem Vater in der Wüste erlebte. Wir waren im Winter gemeinsam auf Reise, Richtung Rotes Meer, und machten einen Zwischenstopp in Arad, in der Wüste. Wir waren den ganzen Tag viel draußen unterwegs gewesen, nass und durchgefroren. Jetzt freuten wir uns auf die Unterkunft mit einer warmen Dusche, ein paar Snacks und einem entspannten Abend. Zuerst stellten wir fest, dass in der Unterkunft keine Handtücher vorhanden waren. Ich schrieb dem Verantwortlichen über Booking, der zusicherte, gleich kommen zu wollen. Nach ungefähr zwei Stunden war er mit zwei Handtüchern da und wir waren noch durchgefrorener als vorher. Wir hatten nicht mal mehr Kraft, um uns über diese Sache aufzuregen. Weil mein Vater ein echter Gentleman ist, ließ er mich auch zuerst duschen. Und ich genoss die heiße Dusche in vollen Zügen und konnte auch nicht mehr aufhören, das heiße Wasser auf meine Haut fließen zu lassen. Diese Wärme tat einfach zu gut. Aber ich hatte trotzdem meinen frierenden Vater im Gewissen und schaffte es dann, mich langsam von der heißen Dusche zu lösen.

Er freute sich, wollte duschen, aber es kam kein warmes Wasser mehr. Ich hatte anscheinend das komplette heiße Wasser verbraucht. Oh man, ich glaube in diesem Moment hasste mein Vater es, als Gentlemen gehandelt zu haben. Aber dieser Moment wird uns immer im Gedächtnis bleiben. Arad, Kälte und nur eine heiße Dusche für mich. Papa, es tut mir bis heute unglaublich leid!

Mauererfahrung Vatikan – Bethlehem

Rom war früher umgeben von einer Stadtmauer und noch heute sind Teile von dieser in Rom erhalten. Die Aurelianische Mauer kann man im Stadtbild noch ganz gut erkennen und einige Bereiche von ihr sind auch noch begehbar. Ein wahrer Geheimtipp: Porta San Sebastiano.

Da findest du heute ein Museum, in dem die Mauer begehbar ist. Von dort aus kann man auch einen herrlichen Ausblick über das römische Land genießen.

Hier beginnt auch die berühmte antike Straße, die Via Appia Antica.

Neben den Teilen der Stadtmauer ist die dominierende Mauer in Rom aber die Vatikanische Mauer, die das gesamte Gebiet des Vatikans umfasst.

Die Mauer ist so groß, dass niemand hinter sie schauen kann oder darüber klettern könnte. Touristen* haben nur die Möglichkeit durch die Vatikanischen Museen in den Vatikan hineinzukommen. Von da aus kann man ansatzweise das gesamte Gebiet erschließen.

Für eine bessere Übersicht lohnt sich ein Besuch auf der Kuppel des Peterdoms. Von da aus kannst du die Vatikanischen Gärten, die Häuser, die Bahnhaltestelle und vieles mehr sehen.

Wenn ich in der Stadt bin, ist es immer ein komisches Gefühl an den mächtigen Mauern entlangzulaufen.

Von der undurchsichtigen großen Wand fühle ich mich meist sehr erdrückt.

Mir kommt es immer so vor: Was hinter den Mauern des Vatikans passiert, bleibt hinter den Mauern des Vatikans. Es ist wie ein eigenes Leben, das für den normalen Menschen undurchsichtig bleiben soll und ist. Sehe ich einen weiteren Eingang oder Zugang, so sehe ich zugleich Schweizer Gardisten, an denen es unmöglich ist, vorbeizukommen. Seit dem 16. Jahrhundert sind sie damit beauftragt, den Heiligen Vater und sein Gebiet zu beschützen.

Am Vatikan gibt es insgesamt 137 Gardisten, die sich in Schichtdiensten um alles kümmern. In der Regel bleiben sie bis zu drei Jahren, sind 20-30 Jahre alt, über 1,70 m, müssen katholisch sein und dürfen auch keinen Bart tragen. Es ist ein bisschen wie bei Italiano next Top Gardist.

Aber jeder einzelne Gardist ist sehr stolz darauf, dem Papst dienen zu dürfen.

Ich bin der festen Überzeugung, dass diese Mauer mental etwas mit mir macht.

Sie distanziert mich bewusst vom Inneren des Vatikans und wirkt undurchlässig wie so manche päpstlichen Beschlüsse.

Das gleiche Gefühl hatte ich auch in Bethlehem. Nur dass da die Mauer schöner mit Graffiti beschmückt war, mit einigen des großartigen Malers Banksy. An vielen Stellen hat er mit feinem Humor und politischen Aussagen seine Zeichnungen hinterlassen, die viele Gefühle ausdrucksvoll werden lassen. Ein Gang entlang dieser Mauer lohnt sich definitiv!

»*Make Hummus, not walls!*«

Pscht, das wäre doch mal eine sehr gute Idee für die grauen Vatikanischen Mauern.

Aber warum gibt es diese riesige Mauer in Bethlehem?

Der Grund dafür ist, dass Bethlehem zu dem besetzten Autonomiegebiet der Palästinenser gehört und dadurch auch bewusst von Jerusalem abgegrenzt werden soll.

Israel hat diese Mauer als Schutzmaßnahme erbauen lassen, aus Angst vor noch mehr Anschlägen. Trotz dieser Mauer wollen die meisten Touristen* trotzdem in das heilige Bethlehem. Auch meine Mutter und ich. Dabei waren wir sogar etwas illegal unterwegs.

In Tel Aviv liehen wir uns ein Auto und fuhren damit einfach nach Bethlehem. Das ist etwas riskant, weil es eigentlich verboten ist. Die israelische Versicherung greift nämlich nicht mehr auf palästinensischem Gebiet. Trotzdem konnten wir dem Reiz nicht widerstehen. In die Stadt hineinzukommen, da parken zu können und sich alles anzuschauen, war nicht weiter schwer. Die größte Herausforderung aber war wieder hinauszukommen, weil wir mit Google Maps immer wieder bei der Mauer landeten. Wir wurden fast verrückt, weil wir nicht wussten, wo wir den Ausgang der Mauer finden konnten. Meine Mutter wurde immer hektischer und fühlte sich auch langsam etwas bedroht und eingeschüchtert von der Mauer. Sie sagte, sie fühle sofort das wiederaufkommende Gefühl der Mauer in der DDR.

Die Stimmung kippte langsam und wir durften auch nirgends auf der schmalen Straße mit dem Leihauto anecken, aus Angst vor einem Schaden.

Um unsere Stimmung noch zu untermalen, wurden wir ständig von Palästinensern* angehalten, die uns irgendwelche Dinge durch das Autofenster hindurch verkaufen wollten.

An dem Punkt, an dem wir eigentlich nicht mehr konnten, erschien dann plötzlich eine lange Autoschlange und wir begriffen, dass diese uns aus Bethlehem hinausführen konnte.

Wir schafften es an diesem Tag hinaus und waren danach sehr erschöpft und ausgelaugt.

Es war ein richtiges Mauersyndrom. So langsam begriff ich, wie viel eine Mauer wirklich für uns Menschen bedeutet. Es ist nicht nur eine Mauer, sondern auch eine tiefe Emotion von Abgeschiedenheit, Gefangenheit, Undurchlässigkeit und eingeschränkter Freiheit.

Wir alle kennen das Gefühl der zwischenmenschlichen Mauer. Wenn wir einen Freund* lange nicht mehr gesehen haben und Angst vor der ersten Begegnung haben, soll ich ihn oder sie umarmen, werden wir uns so gut wie früher verstehen oder wird die undurchsichtige Wand die Tiefen unserer Gespräche und Gefühle aufhalten? Diese Wand entsteht auch sehr oft bei Streitigkeiten. Wir verlieren den Zugang zu unserem Partner oder unserer Partnerin. Daher auch das Sprichwort: »Es ist, als würde ich gegen eine Wand reden.«

Diese Wand blockiert die Seele und führt zu Traurigkeit und Verzweiflung. Wir fühlen uns allein und abgeschieden. Ich fühle es auch immer wieder, wenn ich in einer Gruppe unterwegs bin, in der ich mich nicht wohlfühle und mich verstellen muss. Die Kommunikation wird oberflächlicher und auch die Gefühle undurchlässiger. Die Wand ist sowohl ein Schutz als auch ein Abwehrmechanismus, so wie auch beim Vatikan oder in Bethlehem. Aber wir können lernen, mit dieser Wand zu leben, sie wahrzunehmen, zu hinterfragen und auch zu durchbrechen. Ich darf nicht in der Angst verharren, wenn ich meinen Freund länger nicht gesehen habe, ob alles wieder so wird wie früher. Ich muss aktiv werden, meine Gefühle frei lassen. Denn die

Emotion Angst fesselt sehr viele tiefgründige Emotionen und lässt uns im Stillstand verharren. Angst ist keine gute Ratgeberin. Es ist die Emotion, in der wir gerne verharren, weil es so schwer ist, sie zu überwinden. Aber gehen wir hindurch!

Auch wenn wir in diesem Jahr leider noch vor den Mauern des Vatikans und in Bethlehem stehen bleiben müssen, so können wir trotzdem unsere innere, durchsichtige Mauer durchdringen und uns öffnen – frei von der Angst.

Resilienz

Der Begriff Resilienz hat in den letzten Jahren einen lebendigen Aufschwung erfahren.

Aber was bedeutet Resilienz eigentlich? Resilienz bedeutet, Kapazität und Energiereserven für Lebenssituationen zu besitzen. Verständnis, Empathie und Sensibilität, um die eigenen menschlichen Qualitäten zu verfeinern. Aber Resilienz muss auch kritisch betrachtet werden. Wie gut ist es, die eigene Kapazität immer wieder auszubauen und zu vergrößern, mit Schwierigkeiten umzugehen und schwere Situationen hinzunehmen? Je größer die eigene Resilienz ist, umso mehr kann der einzelne Mensch aushalten, aber damit wächst auch das Risiko, näher an Grenzsituationen zu kommen. Ein kritisches Bewusstsein an eigenen Erlebnissen ist sehr wichtig. Denn die Resilienz baut sich bei jedem und jeder Einzelnen von uns bereits in der Kindheit auf. Sie bezieht sich auf Beziehungen, Traumata und eine soziale Verfügbarkeit, die daraus erwächst. Es ist sogar wissenschaftlich erwiesen, dass Kinder, die oft leiden mussten, eine höhere Verantwortung und einen ausgeprägteren Altruismus entwickeln. Resilienz ist eine kreative Herausforderung und wird in unserer Gegenwart immer bedeutender zwischen Arbeit, Schnelligkeit und Hysterie.

Die Resilienz wächst oder wird geringer, je nach eigener Fähigkeit. Am wichtigsten ist es, einen Gang zurückzuschalten, sobald der oder die Einzelne merkt, dass alle sozialen Batterien aufgebraucht sind. Innehalten und Anhalten ist kein Zeichen von Schwäche, sondern existenziell wichtig, um die eigenen Verhaltensweisen anzupassen und Körper und Geist wieder miteinander in Einklang zu bringen. Dabei helfen viele Tätigkeiten fernab von Arbeit.

Ein Seelsorgegespräch, Sport, der Spaziergang durch die Natur mit allen Sinnen, eine Reise.. (und damit auch eine physische Entfernung von den Situationen).

Resilienz ist ein dynamischer und aktiver Prozess. Das merkte ich auch in meinen beiden Auslandsjahren in Tel Aviv und Rom. Plötzlich war ich weg aus Deutschland und allein auf mich gestellt. Zuerst schien mir das alles sehr rebellisch und abenteuerlustig. Aber mit der Zeit wurde mir bewusst, wie schwer es ist, komplizierte Situationen allein zu bewältigen.

Meine Resilienz musste sich immer wieder neu anpassen und wurde herausgefordert.

Das bewegte die Stabilität meiner Seele sehr. Ich weinte öfter in problematischen Situationen, war sehr schnell gestresst oder verzweifelt, wenn ich Probleme in der fremden Sprache nicht gleich lösen konnte. Die Situationen forderten mich und meine Kapazitäten heraus. Ich wuchs aber an jeder einzelnen Herausforderung und bemerkte erst in den folgenden Jahren, dass ich besser und ruhiger mit bestimmten Problemen umgehen konnte. Es ist ein ewiger Prozess und die Resilienz ist auch ein Schutzmechanismus. Sie signalisiert mir, wenn ich mit einer Situation nicht mehr zurechtkomme. Wenn ich anhalten und reflektieren muss. Wenn ich Ruhe brauche und versuche diesen Prozess zu verstehen. Ruhe einzuhalten, fällt mir sehr schwer.

Durch meine zwei Auslandsjahre und aufgrund vieler Erfahrungen habe ich eine hohe Resilienz und merke auch, wie gefährlich es für mich werden kann, mich nicht ausreichend zu erholen. Ich werde dann innerlich immer unruhig und hektisch und mein Kopf rattert in einer Tour.

Ich kann mich nicht entspannen und anhalten. Ich habe diesen inneren Selbstdruck weitermachen zu wollen, weil alles andere nicht meinem Leistungsanspruch entspricht.

Weil der Körper schlauer als das Gehirn ist, setzt er uns hoffnungsvoll ein Stoppzeichen.

Wir werden entweder physisch oder psychisch krank, weil wir nicht auf die Grenzen unserer Resilienz geachtet haben. Ich glaube, der wichtigste Schritt für mich war, dass ich mir eingestehen musste, dass Erholung und Pausen kein Zeichen von Schwäche sind, sondern ein Zeichen von Stärke. Arnold Schwarzenegger sagte einmal: »Es ist nicht schwer jeden Tag trainieren zu gehen, aber es ist schwer einen Tag Pause zu machen!«

Aber eine Pause braucht der Mensch, denn jeder Muskel im Körper wächst während des Ruhezustandes.

In Rom merkte ich am meisten, dass meine Resilienz an ihre Grenzen kam. Ich hatte keinen ruhigen Ort und war immer umgeben von stressigen Situationen, vielen Menschen und erhöhter Lautstärke. Das alles laugte mich psychisch unglaublich aus und ich entwickelte wieder meine innere Unruhe. Ich war abends sehr müde, konnte aber nicht einschlafen, weil mein Kopf weiterarbeitete. Ich entwickelte sogar eine Art Klaustrophobie. Ich hielt es nicht mehr sehr lange in großen Menschenmassen aus und wurde ängstlich und wollte der Situation entfliehen. Dank meiner Freunde* und meiner Familie konnte ich einen Gang zurückschalten über meine bewegten Situationen sprechen und Verschiedenes aufarbeiten. Sie gaben mir den Raum und die Ruhe zu entspannen und ich konnte meine Resilienz wieder herstellen.

Resilienz ist gut und wichtig – aber sie kann auch sehr schnell wie ein seidener Faden zerreißen, wenn wir sie zu sehr anspannen.

Lasst uns den Faden immer mal wieder an verschiedenen Situationen und Kraftinseln befestigen, entspannen, und dann kann er auch wieder angespannt werden mit einer größeren Stabilität.

Fehlerfreundlichkeit

Charakterlich gehöre ich eher zu den nachtragenden Menschen, aber in dieser Hinsicht habe ich mich auch schon etwas gebessert und bin gnädiger mit mir selbst und meinen Mitmenschen geworden.

Wie heißt es so passend im Vaterunser:

»Und vergib uns unsere Schuld, wie auch wir vergeben unseren Schuldigern.« Starke und wichtige Worte, wenn ich sie in mein Herz hineinlasse. Als Kind bin ich immer sehr gerne in den Gottesdienst gegangen und oftmals war es für mich die Chance, mich mit meiner Wut und meinen schlechten Gedanken versöhnen zu können. Es war wie Balsam für die Seele.

Meine kleine Schwester Mathilde fragte mich letztens, ob sie trotzdem in den Gottesdienst gehen soll, weil sie sich heftig mit meinem Vater gestritten hatte, der den Gottesdienst als Pfarrer feierte. Ich sagte voller Überzeugung: »Ja! Natürlich! Der Gottesdienst ist der beste Anlass für eine Versöhnung.« Als Kind verfolgte ich die Taktik oft und es ging mir immer besser danach. Auch wenn ich hin und wieder keine richtige Motivation hatte, nach dem Gottesdienst war ich immer erfüllter und beseelter. Es ist wie beim Sport, die Trainingstage, an denen ich mich vorher ausgelaugt und schwach fühlte, waren die besten Trainingstage. Außerdem kann ich keinen Erfolg erzielen, wenn ich nur an Weihnachten in die Kirche oder zum Training gehe.

Vergebung von Sünden ist menschlich immer eine große Herausforderung. Ich muss über meinen eigenen Schatten und Stolz springen. Und mich vielleicht auch einmal versuchen, in die andere Person hineinzuversetzen. Warum fällt es mir so schwer zu vergeben, obwohl ich merke, dass es mich seelisch sehr belastet und auch bis in die Träume verfolgt?

Es hat etwas mit der Fehlerfreundlichkeit in unserer Gesellschaft zu tun. Wir alle müssen jeden Tag so viele kleine und große Entscheidungen treffen, Dinge erledigen, Wegstrecken zurücklegen und uns in bestimmten Situationen etablieren. Wir haben so viel Druck von äußeren Umständen und inneren Kreisen. Es ist völlig menschlich, Fehler zu machen. Aber der Umgang mit den Fehlern macht die Situationen und Ausgänge der Vergebung entscheidend. Ich brauchte sehr lange, um zu begreifen, dass ich nicht alles perfekt machen kann und ich immer wieder Fehler machen werde. Wenn mir ein Fehler passiert, fühle ich mich wie eine Verliererin und es ist mir sehr peinlich. Ich brauchte lange, um eigene Fehler auch zugeben zu können. Aber die umgekehrte Situation ist umso herausfordernder.

Wir neigen oft dazu, Fehler gesellschaftlich nicht anzuerkennen und uns dann Personen, die einen Fehler gemacht haben, zu verschließen. Meist sogar, ohne die Situation zu klären. Hauptsache wir sind im Recht.

»Ich vergebe und ich gebe.«

Mit diesem Leitsatz möchte ich an meiner eigenen Fehlerfreundlichkeit in unserer Gesellschaft arbeiten. Ich bin sogar der Meinung, dass die Fehlertoleranz in Israel und Italien größer ist.

Es ist so wichtig, miteinander ins Gespräch zu kommen, lebendig zu bleiben und sich nicht für den Rest seines Lebens aus dem Weg zu gehen (okay, bei einigen wenigen Menschen ist das vielleicht manchmal besser).

In Rom und Tel Aviv habe ich viele kleine Fehler gemacht und konnte meist mit einem Gespräch die Dinge wieder geradebiegen. Die beiden Kulturen wirken keinesfalls perfekt und wollen es auch nicht sein. Wichtiger ist ihnen mit Händen und Füßen zu diskutieren, bei Problemen zu improvisieren und zu lachen. Das Hauptproblem von Deutschland ist wahrscheinlich, dass wir perfekt sein wollen. Ob in der Politik, im Sport oder im sozialen Leben. Dabei sind wir so weit von diesem Perfektionismus entfernt.

Oft freuen wir uns sogar über Fehler, die vorhersehbar waren, und verfolgen gespannt den Hate im Internet mit. Ich erinnere mich an viele politische Fehlentscheidungen in der Corona Politik, die dazu führten, dass wir mit Hass und Hetze aufgebracht und böse wurden.

»Herz, statt Hetze«, hieß es einmal in einer kirchlichen Kampagne.

Beim nächsten Mal, wenn du einen Fehler bei einem anderen Menschen entdeckst, denk an den Leitvers der Fehlerfreundlichkeit: »Ich vergebe und ich gebe.«

Dein Gegenüber wird dir dankbar sein, denn oft ist es schwer genug, selbst mit Fehlern umzugehen. Und wenn ich dann mit einer freundlichen Art von Akzeptanz und Trost begegne, kann ich die Fehler besser und klarer reflektieren und im besten Fall auch beheben.

Unterdrückte Gefühle werden lebendig begraben, es ist nur eine Frage der Zeit, bis sie wieder in unserer Seele hochkommen, mächtiger und dominanter als vorher.

Pawlowscher Effekt

Klingelt es bei dem Begriff oder soll ich noch einmal auf die Sprünge helfen?

Im Biounterricht lernten wir das Experiment des russischen Wissenschaftlers Iwan Pawlow. Der Wissenschaftler fand heraus, dass die Akustik einhergeht mit der Gewohnheit und mit inneren Antrieben. Immer wenn er mit einer Glocke klingelte, stellte er das Futter für seinen Hund bereit. Von Tag zu Tag gewöhnte sich der Hund immer mehr an diese Routine und wartete auf das Klingen der Glocke. Schon als die Glocke klingelte, lief sein Speichel im Mund zusammen und er freute sich auf das Essen. Dieses Experiment gilt auch als Geburtsstunde des Placeboeffektes und zeigt die Macht unserer Gedanken.

Um nach meinem Auslandsjahr wieder genügend Geld zu erwirtschaften, arbeitete ich in einem Lebensmittelmarkt namens Tegut. In jeder Frühschicht gab es um 7:00 Uhr schlecht schmeckenden Kaffee. Wir begannen immer um 6:00 Uhr morgens, die Ware auszuräumen, und warteten innerlich alle auf den Ruf des Kaffees um 7:00 Uhr. Ich merkte richtig, wie sich mein Körper auf diese kleine Unterbrechung freute und richtig darauf wartete, obwohl ich den Kaffee nicht einmal mochte. War es die kleine Pause von der Arbeit? Das Ritual? Oder einfach nur die Freude über einen festen Ablauf? Ich glaube, wenn die Durchsage des fertigen Kaffees um 7:00 Uhr nicht gekommen wäre, wäre ich richtig demotiviert gewesen. Komisch, oder?

Wir Menschen sind so fantastische Gewohnheitstiere!

Wenn ich Menschen trainiere, bringe ich ihnen zuallererst bei, dass alles nur Kopfsache ist. Wenn du denkst, du kannst nicht mehr, sind es nur deine Gedanken und deine innere Faulheit, die dir das Vormachen. Es geht immer noch was! Aber unser Körper ist so programmiert, dass wir lieber im toleranten und gewohnten Bereich bleiben, in dem uns nichts weiter passieren kann. Das ist schön und gut, aber genau in diesem Bereich werden wir uns nicht sonderlich weiterentwickeln, sondern warten auf die klingende Glocke, um zu essen, um dann wie gewohnt weiterzumachen.

Die Kraft der Gedanken erbaut die Kraft unseres Körpers.

Wir werden stärker, je freier wir uns von den gewohnten Abläufen machen.

Eine Frau beim Boxen erzählte mir immer, dass ihre Schulter nach ein paar Minuten kribbele, und sie sich zu schwach fühle, ihren Arm oben zu halten, und dann immer eine Pause bräuchte. Ich sagte zu ihr, dass sie sich nicht auf den Schmerz versteifen solle, sondern ihn hinnehmen und ihre Gedanken auf die Freude an das Training und die körpereigene Kraft richten solle. Und wisst ihr was? Die Frau kämpfte, genoss das Kribbeln und hörte nicht auf, wenn es schwierig zu werden schien.

Alles Kopfsache, sage ich immer! ☺

Trägheit ist eine Todsünde

Neid, Völlerei, Habgier, Wollust, Hochmut, Trägheit und Zorn.

Beim Schreiben dieser Begriffe wird mir bereits bewusst, wie oft mich diese Todsünden schon durch die Tage begleitet haben.

Ganz besonders liegt mir das Thema der Trägheit am Herzen, weil es in unserer Gesellschaft zwischen Überforderung und wachsenden Aufgaben eine menschliche Gegenreaktion ist, aus der wir nur sehr schwer wieder herauskommen.

Achtung! Ich möchte Trägheit hier klar von der Erholung abgrenzen! Denn Erholungspausen benötigt jeder Mensch, der viel erreichen möchte und hart arbeitet.

Erholungsphasen stärken Körper und Geist und sind notwendig für unseren Energiefluss.

Aber wir alle kennen dieses Gefühl. Wir haben wochenlang hart gearbeitet und Großartiges geleistet. Die Resilienz und Kapazität sind aber aufgebraucht und wir wollen einfach nur noch Ruhe und Entspannung. Das ist auch wichtig und richtig, aber es ist schwierig, aus dieser Entspannung wieder herauszukommen. Diese ersten schweren Arbeitstage nach einem wundervollen Urlaub, der Beginn eines neuen Semesters oder einer neuen Arbeit, das nächste Training mit schmerzendem Muskelkater oder der erste Schultag mit einem frühen Aufstehen.

Ganz oft höre ich die Worte: »Ich habe heute nichts geschafft. Ich habe zu lange geschlafen und konnte mich nicht aufraffen. Es war wie eine übergeordnete Kraft, die mich in die Entspannung zurückgezogen hat. Ich wusste in diesem Moment, dass ich hätte aufstehen sollen, aber ich konnte einfach keine Motivation finden.«

Wie ich bereits schrieb: Der Kopf ist immer schlauer als der Körper.

Der Körper holt sich den Schlaf und die Entspannung zurück, die er braucht. Aber leider kann zu wenig Schlaf genauso tödlich für den Geist sein, wie zu viel Schlaf. Wir werden träge und finden nicht mehr in die Tagesroutinen hinein.

Ein berühmtes Sprichwort heißt: »Wer sich zu viel schont, der kränkelt an seiner vielen Schonung.« Richtig! Wie so oft gilt es, die Balance zu finden, sonst rutschen wir ab in den Zustand der Trägheit. Vergleichen wir das ganze Szenario mit einem Flugzeug.

Das Flugzeug verbraucht am meisten Kraft und Energie beim Aufsteigen, weil es sich der Schwerkraft entgegensetzen muss. Ist es auf einer bestimmten Höhe angekommen, funktioniert das Fliegen weitaus ökonomischer und feinfühliger.

Genau so funktioniert unser Körper auch. Wir müssen uns aufraffen und der Schwerkraft entgegenwirken. Wenn wir einmal das Buch aufgeschlagen haben, den Weg herausgefunden haben, das Handy weglegen konnten oder es morgens aus dem Bett geschafft haben, sind die nächsten Schritte nicht mehr so schwer. Das Wort »passion« kommt aus dem lateinischen und bedeutet »leiden.« Für jede Sache, die wir gut beherrschen wollen, müssen wir auch leiden. Aber nach einer Anfangsphase wird aus dem Leid eine Gewohnheit und dann wahrer Erfolg.

Der Mensch braucht mindestens 10.000 Stunden, um in einer Sache richtig gut zu sein.

Deswegen müssen wir geduldig und beharrlich bleiben, auch wenn es mit Leid verbunden ist. Viel zu oft und viel zu schnell wollen wir perfekt in einer Sache werden, obwohl wir sie gerade erst angefangen haben. Rom wurde auch nicht über Nacht erbaut – Qualität und Können brauchen Zeit – und diese Zeit dürfen wir nicht mit Trägheit verschwenden.

Es gibt auch bestimmte Strategien, um nicht in das Loch der Todsünde hineinzufallen.

Eine wichtige Sache ist das frühe Aufstehen, am besten mit Sonnenaufgang.

Es bewegt die Psyche und die Physis!

Wenn ich länger schlafe, fühle ich mich tagsüber ausgelaugter und komme auch nicht wirklich in den Rhythmus des Tages hinein. Wenn ich früh aufstehe, kann ich die ruhigen Morgenstunden genießen. Gerade in den Städten Tel Aviv, Rom aber auch in Jena hat mich das gerettet. Es ist ein mächtiges und erhabenes Gefühl, mit der Sonne aufzustehen. Die meisten schlafen noch, die Straßen sind unbefahren und der Verstand ist klar.

Am liebsten trainiere ich in den frühen Morgenstunden. Das Gym ist leer, ich kann mich sehr gut auf meine Übungen konzentrieren und mich mental auf den Tag vorbereiten. Für alle meine Aufgaben und Erledigungen fühle ich mich nach meiner Trainingseinheit energetischer und besser gewappnet und kann auch im Kopf alles noch einmal sortieren.

Mein Körper und mein Geist sind mit dem Tag im Einklang. Und glaub mir! Gerade solche lebendigen Städte wie Rom und Tel Aviv sind wunderschön zu dieser Uhrzeit.

Wenn ich länger schlafe, ist es gefühlt egal, ob ich bis um 9:00 Uhr oder um 10:00 Uhr im Bett liegen bleibe, weil das für den Tag keine entscheidende Rolle mehr spielt.

Ich empfehle lieber das frühe Aufstehen und wenn möglich einen kleinen Powernap.

Und für alle Langschläfer! Nicht gleich nach den ersten Versuchen verzweifeln, der Körper braucht Zeit, um der Schwerkraft entgegenzuwirken.

Ich bin keine große Freundin des Aufschiebens. Es bringt mir nichts, nur nach hinten raus mehr Stress. Es ist eine Schwäche des Geistes, Dinge immer weiter aufzuschieben, weil wir uns damit selbst verraten. Um dem Aufschieben entgegenzuwirken, bringt es viel, einen Plan vom Tag zu haben und was man alles schaffen möchte.

Und dann kommt es nur noch auf das Anfangen an, auf die Überwindung der Schwerkraft.

Wenn ich zum Beispiel etwas für die Uni erledigen muss oder in meinem Buch weiterarbeiten will, fällt es mir manchmal schwer, die Muse und den ruhigen Fokus zu finden.

Ich setze mir das Ziel, mindestens 90 Minuten an der Sache zu arbeiten, dann 20 Minuten einen kleinen Spaziergang zu machen, und auf geht's in die nächste Runde.

Es wirkt wundersam! Nach unangenehmen 3 Minuten habe ich die Schwerkraft überwunden und finde wahre Freude an meiner Aufgabe.

Um meiner Trägheit weiter aus dem Weg zu gehen, setze ich mir Belohnungsziele.

Ein leckeres Abendessen, ein guter Film oder ein erheiterndes Treffen mit einer Freundin.

Denn, machen wir uns nichts vor, Belohnungen sind immer etwas Schönes!

Aber keine Belohnung mit Trägheit im Tag.

Denk immer daran: Todsünden begleiten uns durch das Leben und animieren uns zu weiteren Fehlern und Sünden, deswegen heißen sie auch Todsünden. Sie sind ein teuflisches Element, das uns immer wieder versuchen wird, in einen Bann zu ziehen. Aber mit Klarheit und Bewusstsein können wir dem entgegenwirken.

Wenn du wieder viel zu lange geschlafen hast und den Weg nicht von der Couch finden konntest, dann denke an diese Todsünde und wie sehr sie deinen Geist schwächt. Ich will mich als Mensch nicht von einem (In)dividuum in ein Dividuum entwickeln. Körper und Geist sollten sich immer einander die Hand reichen.

Bewusstsein ist der erste Schritt, der Schwerkraft entgegenwirken der zweite Schritt.

Und jetzt? Andiamo! Jalla!

Körperlichkeit

Mit unserem Körper schreiten wir durch das Leben und nutzen ihn, um mit unseren Mitmenschen zu interagieren. Der Körper ist unser Werkzeug, um lebendig und aktiv auf der Welt sein zu können. Mit Hilfe unseres Körpers können wir miteinander kommunizieren, selbst mit Händen und Füßen. Meine Hände und Füße haben mir schon in manchen Situationen das Leben gerettet, wenn mir die hebräischen oder italienischen Vokabeln ausgegangen waren.

Der berühmte Psychologe Paul Watzlawick vertrat die These, dass in jeder Begegnung mit einem Menschen eine Kommunikation und eine Verhaltensweise liegt. Mit unseren Körpern verhalten wir uns zu bestimmten Menschen oder Situationen. Der Körper ist der Ausdruck für unsere Gefühle und untermalt unsere Stimmungen. In Italien und Israel wird Körperlichkeit intensiver und lebendiger ausgedrückt. Die Kulturen sind dynamischer im Umgang mit ihren Körpern und drücken das auch in ihren Konversationen aus. Auf meinen römischen Wegen musste ich immer aufpassen, dass ich nicht von fuchtelnden Händen erschlagen werde.

In Deutschland wirken wir körperlich eher distanziert und kühler. Das wurde mir an vielen Stellen in meinem Auslandsjahr bewusst. Meine Sprachlehrerin wollte mir zur Begrüßung ein Küsschen links und rechts auf die Wange geben. Ich war perplex und reagierte auf das zweite Küsschen kaum. Ich erklärte ihr dann lachend, dass wir in Deutschland meist nur die Hand geben – wenn überhaupt.

In meiner Psychologievorlesung lernte ich, dass der Mensch auf drei Arten kommuniziert:

1. verbal – mit Worten
2. paraverbal – Stimmhöhe und Artikulation
3. nonverbal – körperlich

Diese drei werden in jedem Gespräch aktiv. Ich war zugleich erschrocken und verwundert, als ich die Prozentzahlen zu den drei Aspekten hörte.

Verbal kommunizieren wir nur mit 7%!!! Paraverbal mit 38% und den größten Anteil hat die nonverbale Kommunikation mit 55%.

Jetzt endlich wusste ich, warum meine Mutter mit einem Italiener* deutsch reden konnte, und er sie trotzdem verstand. Es war, als würden sie körperlich miteinander das Gespräch klären. Es funktionierte einfach.

Deswegen ist es so wichtig, die Körperlichkeit in unserem Leben nicht abzuwerten.

Der Körper ist auf unserer Seite und gibt uns die Kraft durch das Leben zu gehen.

Mit Hilfe meines Sportes und steigender Fitness spüre ich meine Muskeln und meine aktive Präsenz intensiver und verhalte mich auch aktiver im Alltag, auch gegenüber meinen Mitmenschen. Es macht mehr Spaß durch den Alltag mit einer aktiven Haltung zu gehen und die Körperspannung in jedem Gespräch zu spüren und mitschwingen zu lassen.

Durch meine Unsicherheiten im Ausland und neuen Situationen konzentrierte ich mich mehr auf meinen Körper. Es war in den beiden Jahren das einzig Sichere, was mir blieb. Deswegen verstärkte sich mein Fokus auf mein Training, meine Ernährung und meine Interaktionen noch einmal mehr.

In den *Körper und Geist stemmen* - Kursen arbeiten wir auch viel mit Kindern, die gemobbt werden und Probleme in der Schule haben. Die erste Lektion ist nicht die Reaktion auf böse und wütende Worte, sondern die Körperhaltung. Wie stehe ich da, mache ich mich klein und anteilnahmslos, und werde somit leichter zum »Opfer« oder zeige ich Körperlichkeit und Selbstbewusstsein. Das körperliche Verhalten verändert Situationen.

Wir alle kennen es. Eine Aufführung, Vorlesung oder ein Konzert wird erst unvergesslich, wenn es körperlich aktiv war. Egal wie gut der Text oder der Inhalt ist, das Ganze überzeugt uns nicht, wenn die 55% der nonverbalen Kommunikation fehlen. Denn allein 7% reichen zwar für die 5% - Hürde im Bundestag, aber nicht für das Große und Ganze. Wir müssen mit unserer Körpersprache spielerisch umgehen, damit wir unsere Körper spüren können.

Dabei können wir uns wirklich ein bisschen was von den Israelis und den Italienern* abschauen. Es wirkt freundlicher und menschenzugewandter, wenn wir uns körperlich aktiver ausdrücken. Ohne Körperlichkeit bleibt jedes Wort passiv und kann nicht lebendig werden.

Mit jeder Gestik lenken wir die zwischenmenschlichen Energien.

Denk an die 7%.

Die Seele wandert durch den Körper

Seit Jahrhunderten machen sich die Wissenschaftler*, Philosophen*, Theologen* und auch viele andere Menschen Gedanken um die Seele. Gibt es die Seele? Wenn ja, wo im Körper befindet sich die Seele? Weil die Seele nicht sichtbar ist, sondern einem Gefühl und einer Emotion gleicht, die unseren Charakter formt und uns menschlich werden lässt, verorten viele die Seele in der Nähe des Herzens. Wenn es schneller schlägt, wenn wir verliebt oder aufgeregt sind, der Rhythmus des Herzens bestimmt den Rhythmus unseres Körpers. Er bestimmt, wie wir handeln und funktionieren.

Andere verorten die Seele im Gehirn, in den Funktionsbereichen, die die Gefühle sortieren und vermitteln. Wieder andere denken, dass die Seele zwischen dem Gehirn und dem Herzen ihren Platz hat. Aber niemand weiß, wo sich die Seele tatsächlich befindet oder ob es sie gibt.

Nach vielen Vorlesungen und meinen Lebenserfahrungen nach bin ich der Überzeugung, dass die Seele im Verlaufe des Lebens durch unseren Körper wandert und sich wandelt. Je nachdem an welcher Etappe wir stehen und in welcher körperlichen Verfassung wir uns gerade befinden.

Jede* hat ein Körperteil, das er/sie nicht so mag und eines was besser gelungen ist.

Einige mögen ihre Arme nicht, aber dafür besonders die Beine. Andere lieben ihre Arme und verstecken die Beine.

Wir sind wandelbare Wesen und passen uns an Umstände und Herausforderungen an.

Wir verbessern uns und entwickeln uns weiter. Die Seele wandelt auf diesen Wegen mit.

Letztens habe ich ein Video von Arnold Schwarzenegger gesehen, bei dem er sagte, dass er am meisten stolz auf seinen Bizeps sei. Ja, vielleicht lag die Seele bei diesem Ikon zu seinen besten Zeiten auf der Wettkampfbühne im Bizeps.

Im zeitlichen Verlauf und den Orten, an denen ich mich gerade befinde, spüre ich meine Körperlichkeit auf verschiedene Weise. In der Metro, wenn wieder alles voll und hektisch ist, fühle ich meine Seele in der Bauchgegend. Ich verliere meine innere Mitte. Im Bauchnabel liegt der Punkt des Urvertrauens. Wird dieses Vertrauen in uns selbst und unsere Mitmenschen gestört, bekommen wir Bauchschmerzen oder einen nervösen Magen. Ähnliches gilt für den Kopf, in Indien wird das innere Wahrnehmen als das dritte Auge bezeichnet. Erinnerst du dich? Dieser rote Punkt auf der Stirn? Wir bekommen öfter Kopfschmerzen, wenn wir verspannt sind oder anstrengende Tage durchleben. An solchen Tagen fühle ich meine Seele in der Nähe des dritten Auges. Wenn ich einen geliebten Menschen anschaue, und einfach nur glücklich und dankbar bin, dass ich ihn oder sie habe, fühle ich meine Seele im Herzen.

Eine Marathonläuferin wird ihre Seele vielleicht nach dem Lauf durch die Ziellinie in den Beinen fühlen. In den letzten Jahren seines Lebens verspürte der berühmte Psychoanalytiker Sigmund Freud die Seele in seinem Mundraum, weil er unter massiven Zahnschmerzen litt.[9]

In der Nähe des Mundraumes ordnet auch das Alte Testament die Seele ein, denn der Seelenbegriff: »נפש« (næfæš) bedeutet übersetzt Kehle. Die Seele wird der Stimme zugeordnet und hat durch die Kehle zugleich eine filternde und reinigende Funktion. Durch den Weg der Kehle ging auch der Lebenshauch, der den Menschen lebendig macht (1.Mose, 2,7).

Die Seele ist wandelbar, so wie wir auch. Sie bewegt unsere inneren Emotionen und lässt sich nicht auf einen Bereich im Körper beschränken. Sie steuert unsere Leidenschaft, unsere Liebe und unser Leben, und damit auch jedes Körperteil, das uns durch das Leben trägt.

HARMONIE – αρμονία

Wenn ich die Harmonie mit einem Bild assoziiere, ist es eine lieblich riechende Blumenwiese, mit summenden Tierchen und wohltuender Wärme. Alles versteht sich, Mensch und Natur scheinen im Einklang zu sein. Keine Kälte, keine Wut und keine schlechten Gedanken.

Aber kennst du die wahre Geschichte hinter der Harmonie? Was bedeutet sie für uns Menschen? Der Philosoph und Professor Lambert Wiesing aus Jena erklärte die Entstehung der Harmonie in einer Stunde seiner Vorlesung über die Schönheit.

Stell dir den Gott Ares vor, er war der Kriegsgott schlechthin und galt als sehr blutrünstig, stark, durchtrainiert und dominant. Daneben gab es die Göttin Aphrodite. Klingelt es? Aphrodite war die Göttin der Liebe und das ganze Gegenteil von Ares. Sie war hübsch, liebevoll und zart besaitet. Aber wie die Geschichte der Liebe und Leidenschaft verläuft, die beiden fanden einander sehr attraktiv und Aphrodite begann mit Ares ein außereheliches Tächtelmächtel.

Sie begehrten einander und die Gegensätze zogen die beiden magisch an, wie ein Minuspol einen Pluspol benötigt. Bei ihren Seitensprüngen entstand ein gemeinsames Kind – na, welchen Namen trug die Tochter wohl? Harmonie – αρμονία.

Das Herz der Tochter Harmonie schlägt in zwei verschiedenen Stärken. Sie ringt auf der einen Seite mit Dominanz, Stärke und Egozentrik, handelt aber auf der anderen Seite mit Liebe und Sanftmut.

Diese Geschichte kann uns im Alltag weiterhelfen. Wenn wir Harmonie suchen, zwischen Kollegen*, zwischen Freunden* oder in der Familie, sollten wir stets an die kleine lebendige Tochter denken und nicht an die blühende Blumenwiese. Denn Harmonie ist so viel mehr als nur gleicher Meinung sein und Freude empfinden. Sie verlangt Diskussion, Auseinandersetzung und einen Prozess zwischen Hochmut und Toleranz.

Zur Harmonie gehören Widerstreit und das attraktive Anziehen von Gegensätzen.

Harmonisch verläuft unser Leben nur zusammen mit Ares und Aphrodite.

Andiamo und Jalla

Mit diesem Kapitel endet mein Buch und ich freue mich sehr, dass du es bis hierhin gelesen hast. Ich möchte jeden Menschen ermuntern, den Weg des größten Widerstandes zu gehen, gegen vorgegebene gesellschaftliche Normen oder gemachte Ängste den eigenen Weg zu finden.

Es ist so wichtig für das eigene Lebensglück, neue Wege zu beschreiten, Grenzen zu überwinden, zu lachen und zu weinen.

Ich würde heute nicht an dem Punkt meiner Charakterstärke stehen, wenn ich zu Hause in meiner gewohnten und vertrauten Umgebung geblieben wäre.

Wir sind wandelbare Wesen in wandelbaren Zeiten. Aber am wichtigsten ist es, was wir aus allen Lebensumständen, Hürden, Ängsten und Träumen machen.

Wir bereuen am meisten die Dinge, die wir nie gemacht haben, aber immer machen wollten.

Was hält dich von deinem Traum oder deiner Vision ab? Geld? Äußere oder innere Umstände? All das kannst du regeln und aufarbeiten, um deinen Traum zu verwirklichen.

Wir stehen uns oft selbst im Weg, wenn wir etwas Großartiges erschaffen wollen, weil wir Angst vor Erneuerung oder vor weniger Anerkennung haben. Wir trauen uns nicht, Geniales zu erschaffen, weil uns die Kraft der Angst zurückhält.

Um es noch einmal zu bekräftigen: Angst ist keine gute Ratgeberin. Sie ist keine Schwäche, sondern Energie, die Du in Stärke umwandeln kannst. Sie ist von uns selbst geschaffen und genauso kannst Du sie als Mittel verwenden, um zu wachsen!

Ich kann doch kein Buch schreiben, es gibt so viele andere Menschen, die intelligenter sind als ich. Ich kann diese Weiterbildung nicht machen, sie kostet Geld und ist teuer, und andere Menschen sind sowieso besser in diesem Job als ich.

Ich kann nicht an diesem Wettkampf teilnehmen, weil es so viele andere gute und bessere Athleten* gibt.

Kennst du solche Momente?

Wir halten uns selbst davon ab, Großes zu wagen, weil wir auf dem Weg des geringsten Widerstandes bleiben wollen. Aber ungelebte Träume und Visionen werden immer in deinem Geist verweilen. Du kannst ein Buch schreiben, dieses Studium absolvieren oder diese Weiterbildung machen! Oder wie es der Rapper Kontra K in einem seiner Lieder formuliert: »Gott weiß, ich habe mehr drauf!«

Es ist deine Lebensgeschichte, mit deinen Herzensmomenten, mit deinen Rückschlägen, aber auch mit deiner Stärke und deinen Glücksmomenten.

Verschließe dich nicht vor dir selbst, sondern beschreite deine neuen Lebenswege mit offenen Augen und einem offenen Herzen.

Andiamo und Jalla!

Quellen/Anmerkungen:

[1] Vgl., https://de.wikipedia.org/wiki/Religionen_in_Israel, 8.03.23.

[2] Vgl., https://www.yadvashem.org/de.html, 23.04.24.

[3] Vgl., DIETZ, THORSTEN, Was ist Ethik, Worthaus Sommerakademie, Hilchenbach 2017.

[4] Vgl., https://de.wikipedia.org/wiki/Römisch-katholische_Kirche_in_Italien, 20.04.23.

[5] Vgl., Sekretariat der Deutschen Bischofskonferenz; Evangelische Kirche in Deutschland; Statistisches Bundesamt: Statistisches Jahrbuch, verschiedene Jahrgänge; Statistisches Bundesamt: Wirtschaft und Statistik 6/2010, Die Entwicklung der Kirchenmitglieder in Deutschland.

[6] Vgl., https://www.deutschlandfunk.de/tourismus-in-rom-roemisch-aber-nicht-nur-katholisch-100.html, 20.04.23.

[7] Vgl., https://www.turismoroma.it/de/places/%C2%A0das-alte-jüdische-ghetto, 26.04.23.

[8] Vgl., https://opusdei.org/de/article/das-kolosseum/, 24.04.23.

[9] Vgl., NOLTE, TOBIAS, RUGENSTEIN KAI, 365x Freud, 12. Januar hg. v. Gerda Pagel, Stuttgart 2022.

Literaturverzeichnis

YALOM D. IRVIN, YALOM MARILYN, Unzertrennlich: Über den Tod und das Leben, übersetzt von Regina Kammerer, München, 2021.

YALOM D. IRVIN, Und Nietzsche weinte, übersetzt von Uda Strätling, Hamburg 1994.

HUBER, WOLFGANG, Dietrich Bonhoeffer, 1. Auflage, München 2021.

LOBRECHT, FELIX, Sonne und Beton, Berlin 2017.

NOLTE, TOBIAS, RUGENSTEIN, KAI (Hgg.), 365x Freud, Stuttgart 2022.
YOUNG, IRIS MARION, Throwing like a Girl, übersetzt von: Ingrid von Heiseler, Werfen wie ein Mädchen, Frankfurt am Main, 2020.
DEUTSCHE BIBELGESELLSCHAFT, Die Heilige Schrift: Die Bibel nach der Übersetzung Martin Luthers, Revision Stuttgart 2017.
WATZLAWICK, PAUL, BAVELAS, JANET BEAVIN, JACKSON, DON D., Menschliche Kommunikation, 13. Auflage, Bern 2017.

Podcast

WORTHAUS SOMMERAKADEMIE, Dietz, Thorsten, Was ist Ethik, Hilchenbach 2017.

Vorlesungen

GROHE, JOHANNES, Die Geschichte der Päpste und ihrer Stadt Rom, Pontificia Università di San Tommaso d´Aquino (Angelicum), Wintersemester 2022/2023, Rom 2022/2023.

PALAZZINI, CHIARA, Psicologia del conflitto e della pace, Pontificia Università Lateranense, Sommeremester 2023, Rom 2023.

WIESING, LAMBERT, Vorlesung Schönheit, Universität Jena, Wintersemester 2023/2024, Jena 2023/2024.